I0371844

www.ingramcontent.com/pod-product-compliance
Lightning Source LLC
Chambersburg PA
CBHW071419070526
44578CB00003B/607
9781989880296

سلام هم زبان

دستیابی ایرانیان مقیم خارج از کشور به کتاب های بسیار متنوع و جدیدی که به تازگی در ایران نگاشته و چاپ می شود، محدود است. ما قصد داریم این خدمت را به فارسی زبانان دنیا هدیه دهیم تا آنها بتوانند مانند شما با یک کلیک در آمازون یا دیگر انتشارات آنلاین کتاب هایی در زمینه های مختلف را خریداری کنند و درب منزل تحویل بگیرند.

خانه انتشارات کیدزوکادو تحت حمایت مجموعه آموزشی کیدزوکادو این افتخار را دارد تا برای اولین بار کتاب های با ارزش فارسی را که با زبان فارسی نگارش شده است از شرکت های انتشاراتی بزرگ آن لاین مانند آمازون و ایی بی بارنز اند نابل و هم چنین وبسایت خود انتشارات در اختیار ایرانیان مقیم خارج از ایران قرار دهد.

از اینکه توانستیم کتابهای جدید و با ارزشی که به قلم عالی نویسنده گان و نخبگان خوب ایرانی نگاشته شده است را در اختیار شما قرار دهیم بسیار احساس رضایتمندی داریم

این کتاب ها تحت اجازه مستقیم نویسنده و یا انتشارات کتاب صورت گرفته و درآمد حاصله بعد از کسر هزینه ها، به نویسنده پرداخته می شود.

خانه انتشارات کیدزوکادو در قبال مطالب داخل کتاب هیچگونه مسئولیتی ندارد و صرفاً به عنوان یک پخش کننده است.

و شما خواننده عزیز ما را با گذاشتن نظرات در وب سایتی که کتاب را تهیه کرده اید به این کار فرهنگی دلگرمتر کنید.

سریال کتاب: 21-3-5-4-11-0020

سرشناسه :شکیبامهر ۲۰۲۱

عنوان: آشتی با خشم

زیر نویس عنوان: رمزگشایی از احساس درونی تا رفتار بیرونی

نویسنده: منصوره شکیبامهر

مشخصات نشریه در ایران: نشر بید، تهران

شابک کانادا: ISBN 9781989880296)

موضوع: خودشناسی، روانشناسی

متا دیتا: Positive Attitude, Self Help, Psychology

مشخصات کتاب: سایز ۵.۸۳ در ۸.۲۷

تعداد صفحات: ۱۵۰

تاریخ نشر در کانادا: جون ۲۰۲۱

تاریخ نشر اولیه: ۱۳۹۹

Kidsocado Publishing House

خانه انتشارات کیدزوکادو

ونکوور، کانادا

تلفن: +۱ (۸۳۳) ۶۳۳ ۸۶۵۴

واتس آپ : +۱ (۲۳۶) ۳۳۳ ۷۲۴۸

ایمیل info@kidsocadopublishinghouse.com

وبسایت https://kidsocadopublishinghouse.com

آشتی با خشم

رمزگشایی از احساس درونی تا رفتار بیرونی

منصوره شکیبامهر

تقدیم به استاد گرامی
جناب آقای فرشید پاک‌ذات
که آموزه‌های ایشان، فصل جدیدی در زندگی‌ام رقم زد.

با سپاس از همسر و دخترانم
که همواره مشوقم بودند.

فهرست

مقدمه ۱۵
سخنی با شما ۱۷
پیش گفتار ۱۹

فصل اول: راهنمای مطالعه ۲۱

چگونه این کتاب را مطالعه کنم؟ ۲۳
آشنایی با تعاریف ۲۵
چرا خشم؟ ۲۶
این کتاب چه فایده‌ای برای ما دارد؟ ۲۷

فصل دوم: چگونگی کارکرد مغز ۲۹

مغز چگونه کار می‌کند؟ ۳۱
چرا خشمگین می‌شویم؟ ۳۶
حالا با این خشم چه کنیم؟ ۳۷

فصل سوم: علل خشم 39

علل خشم 41
عادت 41
اتفاقی مخالف خواسته و انتظار 42
درد و رنج 42
نرسیدن به آرزوها 42
فشارهای روانی و اجتماعی 43
مشکلات اقتصادی 43
حس ضایع شدن حق 44
ترس و اضطراب شدید 44
حسادت 44
غر زدن 44
نداشتن دغدغه جدی 45
ندانستن معنی زندگی 47
کاتالیزورهای خشم 49
یادگیری 49
تکرار 49
بیماریها 50

درد ۵۰

داروها ۵۰

کم‌خوابی و بدخوابی ۵۱

گرسنگی یا رژیم‌های سخت ۵۳

گرما ۵۳

عادت ماهیانه ۵۳

فصل چهارم: تاثیرات خشم ۶۳

تغییرات بدن هنگام خشم ۶۵

تأثیر خشم در زندگی ما ۶۶

از دست دادن جایگاه اجتماعی ۶۶

از دست دادن روابط یا صمیمیت روابط خانوادگی و دوستانه ۶۷

تربیت نامناسب فرزندان ۶۷

مجازات ناعادلانه ۶۷

انواع بیماری‌ها ۶۷

بروز رفتارهای پرخطر ۶۷

گرایش به سیگار، مشروبات الکلی و مواد مخدر ۶۸

افسردگی ۶۸

خراب شدن روز ۶۸

پایین آمدن بازدهی ۶۸

آلت دست دیگران شدن ۶۸

مختل شدن تصمیم‌گیری ۶۹

از دست‌دادن پول ۶۹

بروز رفتارهایی با پیامدهای بد ۶۹

ایجاد درگیری ذهنی ۶۹

فصل پنجم: بروز خشم ۷۱

چگونگی مواجه شدن مردم با احساس خشم ۷۳

تبدیل خشم به عصبانیت ۷۳

ابراز خشم ۷۴

کنترل یا فروخوردن خشم ۷۴

مدیریت خشم ۷۴

روش‌های بروز خشم ۷۵

فصل ششم: مدیریت خشم بر اساس نمودار رفتار..... ۷۷

نمودار خشم ۷۹

سطح اول مدیریت خشم: کنترل حواس ۸۱

تغییر مسیر یا ساعت رفت و آمد ۸۱

ندیدن اخبار و حوادث ۸۲

تغییر زمان مراجعه به سازمان‌ها ۸۲

درخواست ادامه ندادن گفتگو ۸۳

در انتخاب تفریحات خود دقت کنید ۸۳

اطرافیان خود را محدود کنید ۸۳

مرور خاطرات منفی ممنوع ۸۴

سطح دوم مدیریت خشم: شناخت فیلترهای ذهنی ۸۵

فیلترهای دانشی ۸۵

فیلتر حافظه ۸۷

فیلتر اثر هاله‌ای ۸۸

فیلتر تعمیم ۹۰

سطح سوم مدیریت خشم: شناخت دنیای مطلوب ۹۱

افراد: پدر و مادر، خواهر و برادر، همسر، فرزند، معلم و دوستان ۹۲

باورهای ما ۹۲

وسیله ها ۹۲

توقعات ما ۹۲

خودمان و متعلقاتمان ۹۳

فصل هفتم: مدیریت خشم بر اساس خودآگاهی ۹۵

توقع، یکی از اصلی‌ترین علل خشم ۹۷

آشنایی با حقوق انسانی ۱۰۶

خودآگاهی ۱۰۹

دقت به رفتار دیگران ۱۱۰

پرسیدن از اطرافیان ۱۱۰

ثبت رفتارهای خودمان ۱۱۰

یادگیری از طریق شرکت در کلاس‌های مناسب ۱۱۱

پرسیدن سوال ۱۱۱

فصل هشتم: مدیریت خشم براساس انتخاب رفتار.... ۱۱۳

نُه گام برای مدیریت خشم.. ۱۱۵

گام یک: به خواسته و نیاز خودم نرسیده ام............................ ۱۱۷

گام دو: حال و احساس بدی دارم ۱۱۷

گام سه: به حریم و حدود من تجاوز شده ۱۱۸

گام چهار: شما علت گرفتاری‌های من هستید........................ ۱۱۹

گام پنج: تو نباید این کار اشتباه را انجام می‌دادی ۱۱۹

گام شش: رفتار شما مغایر با خواسته من نبوده، بلکه اشتباه و نادرست است ۱۲۰

گام هفت: تو کار بدی انجام دادی...پس آدم بدی هستی ۱۲۰

گام هشت : تو آدم بدی هستی...پس باید مجازات شوی ۱۲۱

گام نه : من شما را آنگونه که بخواهم مجازات می‌کنم ۱۲۱

انتخاب مسیر رفتار در هنگام خشم ۱۲۲

مسیر اول (قضاوت کننده) ۱۲۲

مسیر دوم (یادگیرنده) ۱۲۳

فصل نهم: تکنیک‌هایی برای کاهش خشم 125

فعالیت‌های کمک کننده به مدیریت خشم.................. 127

فعالیت بدنی.................. 127

تغییر رویه تنفس.................. 128

درگیر کردن حواس 5 گانه.................. 128

اتاق تخلیه خشم.................. 129

تکنیک‌های کاهش خشم.................. 130

از کشتی گرفتن با خوک اجتناب کنید.................. 130

تکنیک عروسک.................. 132

تکنیک سیبل.................. 133

با ترازوی خشم مقدار رشد خود را تخمین بزنید.................. 133

در هنگام خشم رعایت کنیم.................. 135

با سیاست صحبت کنیم.................. 135

بحث‌های حاشیه‌ای ممنوع.................. 135

تکنیک عوض کردن دنده.................. 136

استفاده از آلارم.................. 137

تکنیک کش.................. 137

راه‌هایی برای کاهش احتمال خشم.................. 137

شفاف سازی ۱۳۷

بررسی اوضاع ۱۳۹

فکرهای آخر شب ممنوع ۱۳۹

الگوی آرام ۱۳۹

دامن نزدن به خشم ۱۴۰

خودتان را جای اطرافیانتان بگذارید ۱۴۰

گفتگوهای ذهنی خودتان را کنترل کنید ۱۴۰

چه زمانی عصبانی شویم؟ ۱۴۱

خشم، سوخت بی‌انتها ۱۴۲

سخن پایانی ۱۴۵

مقدمه

خشم و عصبانیت احساسی طبیعی، اما قابل کنترل است. البته مانند هر احساس طبیعی دیگری، مهم‌ترین و اولین قدم این است که آن را در وجود خود به رسمیت بشناسیم. میزان مهارت‌های رفتاری ما، کمک بزرگی به مدیریت خشم ما می‌کنند. این مهارت‌ها اکتسابی هستند و شخصیت ما را در برابر عوامل درونی و بیرونی بروز خشم توانمندتر می‌سازند.

معمولاً افراد ماهرتر، توانمندتر هستند و تاب‌آوری بیشتری در برخورد با مسائل مختلف دارند. آنها نیز خشم و عصبانیت را احساس و تجربه می‌کنند، اما در برابر آن درمانده و تسلیم نمی‌شوند. بلکه چون نسبت به آن خودآگاهی یافته‌اند، می‌توانند رفتارها و واکنش‌های بهتر و مؤثرتری در آن هنگام از خود نشان دهند.

با توجه به تعاملات انسانی متعددی که در طول زندگی خود تجربه می‌کنیم، نیاز داریم دیر یا زود دانش و مهارت خود را در مورد مدیریت خشم افزایش دهیم. خبر خوب اینکه: این مهارت، کاملاً آموختنی و اکتسابی است و در کارگاه‌ها و دوره‌های موسوم به مهارت‌های زندگی و توسعه فردی آموزش داده می‌شود.

کتاب‌های آموزشی، مانند کتاب «آشتی با خشم» نیز نقش به‌سزایی در گسترش این مهارت در جامعه دارند. خانم منصوره شکیبا مهر در این کتاب به شما می‌آموزد چگونه با خشم خود آشتی کنید و بر آن مسلط باشید. مطالعه و استفاده از این کتاب کاربردی را به همگان توصیه می‌کنم. امیدوارم زندگی تازه‌ای را پس از آشتی با خشم و مدیریت آن آغاز کنید.

محمد پیام بهرام‌پور

سخنی با شما

قبل از هر چیز، به شما تبریک می‌گویم که با تهیه این کتاب، نشان دادید به بهبود کیفیت زندگی خود اهمیت می‌دهید. شما با تیزهوشی تصمیم گرفته‌اید کتابی را مطالعه کنید که آرامش را به زندگی شما هدیه خواهد داد.

به خودتان ببالید که وقت و پول خود را صرف تعالی خود می‌کنید. این در حالی است که اکثر مردم در حال حاضر ممکن است مشغول کارهای بیهوده‌ای مانند گشتن در شبکه‌های اجتماعی یا دیدن تلویزیون باشند. حتی شاید امشب دو برابر بهای یک کتاب را صرف خوردن فست‌فود کنند. پس زندگی بهتر و آرام‌تر حق شماست. شمایی که زحمت تلاش را به لذت آنی ترجیح داده‌اید.

پیش گفتار

رفتار انسانها در بزرگسالی، نتیجه تربیت دوران کودکی آنهاست. تشویق‌ها، تنبیه‌ها، ضرب و شتم‌ها، دیده‌شدن‌ها و نادیده گرفتن‌ها.

نتیجه‌ی این رفتارها بوده که ما به آنچه الآن هستیم، تبدیل شده‌ایم. فرد موفقی که از زندگی خود لذت می‌برد و در حال پیشرفت است، یا فرد اَفسرده‌ای که روزها و شب‌هایش فرقی با هم ندارند. شاید هم کسی که نه موفق است و نه افسرده. کَج‌دار و مَریز [1]، به زندگی خود ادامه می‌دهد.

البته خیلی‌ها عقیده دارند مشکلاتی که در بزرگسالی برای انسان‌ها به وجود می‌آید، تأثیر زیادی در کیفیت زندگی آنان دارد. در این مساله شکی نیست. اما چگونگی برخورد با مشکلات، به توانایی ما بر می گردد که آن هم نتیجه تربیت ماست.

با این حساب، آیا به ادامه زندگی به همین شکل محکوم هستیم؟

گناه ما چیست اگر والدین ما روش‌های تربیتی درست را نمی‌دانسته‌اند؟

---

۱ ضرب‌المثل ایرانی " کج‌دار و مریز "

فرزند من هم کسی مثل من خواهد شد؟

آیا می‌توانیم در بزرگسالی تأثیری در زندگی خود داشته باشیم و فرزندانی تحویل اجتماع دهیم که از نظر روانی سالم‌تر از ما باشند؟

خبر خوب این است که شما در هر سن و سالی هستید، می‌توانید خود را تغییر دهید. مهارت‌های خود را افزایش داده و حتی خلق‌وخوی خود را عوض کنید.

شما محکوم به تکرار خود نیستید

موضوع خشم، یکی از موضوعاتی است که همیشه می‌توان به آن پرداخت. از همان ابتدای خلقت با انسان بوده و به‌نظر می‌رسد تا اَبَد هم همراه ما باشد.

خشم، از بین نمی‌رود، چون جزو خصوصیات آدمی است. تنها می‌توانیم آن را مدیریت کنیم. که البته اگر بتوانیم همین کار را هم درست یاد بگیریم، کیفیت زندگی‌مان بسیار بالا می‌رود و آرامش بیشتری را تجربه خواهیم کرد.

فردی را تصور کنید که روزی چندبار اجازه می‌دهد خنجری وارد بدنش شود. بعد از آن، به دنبال بیمارستان خوبی می‌گردد تا خنجر را بیرون آورده و او را درمان کنند. به نظر شما کار او عاقلانه است؟

اینکه به راحتی اجازه دهیم عوامل بیرونی ما را عصبانی کنند و بعد به دنبال راهی بگردیم که بتوانیم این عصبانیت را کنترل کنیم، مانند کار همان فرد است. فقط مشکل اینجاست که خودمان متوجه رفتارمان نیستیم. در این کتاب سعی کرده‌ام تا حد امکان شما را به خودآگاهی برسانم.

فصل اول
راهنمای مطالعه

فصل اول: راهنمای مطالعه

چگونه این کتاب را مطالعه کنم؟

دقت کرده‌اید وقتی وسیله‌ای خریداری می‌کنیم، یک دفترچه راهنما درون آن است؟ این دفترچه نحوه‌ی استفاده از آن وسیله را به ما نشان می‌دهد. به ما می‌گوید اگر می‌خواهیم نتیجه مورد نظرمان را از آن بگیریم، باید درست از آن استفاده کنیم.

دقیقاً به همین دلیل من هم نحوه استفاده درست از این کتاب را به شما می‌گویم. چون دوست دارم آن را به صورتی مطالعه کنید که بیشترین تأثیر را در زندگی‌تان داشته باشد.

از آنجایی که تربیت دوران کودکی منجر به شکل‌گیری رفتار حال حاضر ما شده و این رفتار در وجود ما نهادینه شده، تغییر آن به تلاش و تمرین زیادی احتیاج دارد. قصد ندارم شما را فریب بدهم و بگویم کافی است این کتاب را یکبار بخوانید و از فردا به فردی تبدیل شوید که در هر شرایطی می‌تواند آگاهانه رفتارش را کنترل کند و عصبانی نشود. چون شما قرار است چیزی را تغییر دهید که سالها آن را زندگی کرده‌اید. پس کار یک روز و دو روز نیست.

و حالا دستورالعمل ما:

- ابتدا یک‌بار کتاب را از ابتدا تا انتها بخوانید. این کار به شما کمک خواهد کرد که نسبت به کتاب یک دید کلی به‌دست آورید.
- هم‌زمان با خواندن کتاب، قسمت‌هایی که احتیاج به تمرین یا یادآوری بیشتری دارد را با رنگ خاصی مشخص کنید.
- دوباره شروع کنید و کتاب را از ابتدا بخوانید. این‌بار اصلاً اصراری بر تمام شدن سریع کتاب نداشته باشید. قسمت‌های مهم را چندین‌بار بخوانید. جمله‌هایی که احساس می‌کنید باید مدام به شما یادآوری شود را بنویسید و جایی جلوی چشم‌تان بگذارید.
- قسمت‌هایی که احتیاج به تمرین دارد را چندین‌بار تکرار کنید. برای تمرین لازم نیست منتظر یک اتفاق واقعی و بروز عصبانیت باشید. می‌توانید موارد اتفاق افتاده قبلی را در ذهن خود مجسم کنید و تصور کنید اگر بر اساس مطالبی که در کتاب مطرح شده عمل می‌کردید چه نتیجه‌ای می‌گرفتید؟
- در ابتدا ممکن است حتی با وجود اینکه تمرین می‌کنید در شرایط واقعی نتوانید خود را کنترل کنید و عصبانی شوید. نگران نباشید و ناامید نشوید. بعداً همان اتفاق را مجدداً در ذهن خود تکرار کرده و طوری که می‌دانید درست است رفتار کنید. کم‌کم می‌بینید که در شرایط واقعی هم می‌توانید رفتار مناسب را از خود بروز دهید.
- اگر بعد از چندین‌بار موفقیت، باز هم موضوعی پیش آمد که قادر به کنترل عصبانیت خود نبودید، اصلاً ناامید نشوید. این فراز و فرودها در مسیر تغییر یک رفتار، کاملاً طبیعی است.
- فقط تمرین و تمرین و تمرین.

مطمئن باشید این کار در ابتدا مشکل به نظر می‌رسد. ولی روز به روز بهتر و بهتر خواهید شد. کافی است ناامید نشوید. فراموش نکنید که هیچ تغییر بنیادینی به راحتی اتفاق نمی‌افتد.

به شما قول می‌دهم که اگر تمرینات این کتاب را درست و منظم انجام دهید، زندگی‌تان روزبه‌روز به آرامش بیشتری خواهد رسید. البته چون این تغییرات به تدریج اتفاق می‌افتد، اوایل محسوس نیست. ولی بعد از مدتی متوجه خواهید شد که زندگی‌تان بسیار آرام‌تر شده و تنش چندانی را تجربه نکرده‌اید.

آشنایی با تعاریف

قبل از هر چیز، بهتر است مفهوم سه کلمه را متوجه شویم.

- ✦ خشم: یک **احساس** است
- ✦ عصبانیت: **رفتاری** است که در مواجهه با خشم از خودمان نشان می‌دهیم
- ✦ عصبی: **فردی** است که زیاد عصبانیت از خودش بروز می‌دهد

وقتی تصمیم می‌گیرید کمتر عصبانی شوید، باید بتوانید آگاهانه رفتار کنید. باید بتوانید مانند یک هلی‌کوپتر، عکس‌العمل‌های خود را از بالا ببینید و بهترین رفتار را از خود بروز دهید. در واقع برای رسیدن به توانایی مدیریت خشم باید بتوانید به خودآگاهی برسید.

چرا خشم؟

مدتها بود به دنبال موضوعی بودم تا با آموزش آن، بیشترین بهبود در روابط بین افراد به وجود بیاید. از این جهت، شروع به دقت در نوع روابط بین افراد کردم.

بیشترین عامل کشمکش بین آنها چه بود؟

چه چیزی حال آنها را بد می‌کرد و اجازه نمی‌داد از کنار هم بودن لذت ببرند؟

سوءِتفاهم؟ خجالت و کم‌رویی؟ بی‌ادبی؟ آشنانبودن با مهارت‌های حل مسائل زندگی؟ بی‌پولی؟

البته که تمام اینها در بروز مشکلات خانوادگی و اجتماعی مهم هستند. اما مسئله خشم و عصبانیت، پرتکرارترین تنش بین افراد بود که هیچ ربطی به سن یا نسبت آنان با یکدیگر نداشت. به همین دلیل، شروع به مطالعه منابع داخلی و خارجی کردم. هرچه بیشتر مطالعه می‌کردم، بیشتر به اهمیت موضوع پی می‌بردم.

در اینجا چند دلیل پرداختن به این موضوع را ذکر می‌کنم:

- یکی از احساساتی که هر انسانی زیاد آن را تجربه می‌کند، خشم است. انسان‌ها به طور متوسط ۵۰ بار در طول روز خشمگین می‌شوند. البته این آمار مربوط به کشورهایی است که از نظر استانداردهای زندگی در سطح بالایی هستند و مطمئناً در کشور ما این تعداد بیشتر است؛

- درصد بالایی از پرونده‌های کیفری، مربوط به جرائمی‌ست که به‌دلیل ناتوانی در اداره خشم اتفاق افتاده. حتماً تعجب خواهید کرد اگر بدانید در سال ۹۷ حدود ۶۱ هزار نفر به دلیل آسیب‌های ناشی از نزاع خیابانی، به مراکز

پزشکی قانونی مراجعه کرده‌اند. البته این آمار فقط مربوط به تهران است. شک نکنید هنگام درگیری‌های خیابانی، حتی اگر یکی از طرفین، مهارت اداره خشم را داشته باشد، احتمالاً قتلی اتفاق نمی‌افتد.

- خشم یکی از مهم‌ترین علل اختلافات زناشویی و طلاق است. بعید می‌دانم زن و شوهری بدون دعوا و حتی گاهی زد و خورد تصمیم به جدایی بگیرند.
- بسیاری از نوجوانان، علت فرار خود از خانه را عصبانیت والدین و اوضاع متشنج خانه گزارش کرده‌اند.
- خشم، یکی از مهم‌ترین علل تربیت نامناسب فرزندان است. به نظر شما پدر و مادری که مرتب عصبانی هستند، می‌توانند روش‌های درست فرزندپروری را پیاده کرده و فرزندانی آرام و شاد تربیت کنند؟
- ندیده و نشنیده‌ام که کسی از اینکه زیاد عصبانی می‌شود، خوشحال باشد و لذت ببرد.

فکر می‌کنم همین چند مورد، دلیل کافی برای پرداختن به این موضوع باشد.

این کتاب چه فایده‌ای برای ما دارد؟

تقریباً در تمام مواقع، امکان کنترل شرایط و اتفاقات بیرونی وجود ندارد. اگر آگاهی کافی در مورد ذهن نداشته باشیم، اتفاقات بیرونی، به راحتی ساختار ذهن ما را به هم می‌ریزد و ما سخت‌تر می‌توانیم خودمان را کنترل کنیم. پس بهتر است یاد بگیریم چطور بر ذهن‌مان مسلط شویم. از احوال خود، "آگاهی" داشته باشیم، تا برخورد

مناسب‌تری در رویارویی با خشم از خودمان نشان دهیم.

درواقع، در این کتاب سعی بر این است که شما بتوانید با استفاده از راهکارها و روش‌هایی که برایتان توضیح خواهم داد،

- ♦ کمتر از قبل عصبانی شوید. هم از نظر تعداد دفعات و هم از نظر شدت عصبانیت. اگر هم عصبانی شدید، رفتار مناسب و نحوه بروز آن را بشناسید.

- ♦ با رعایت کردن یک سری اصول، موجب عصبانیت فرد دیگری نشوید. چون بسیاری از مواقع، با کارهای غیرعمدی که انجام می‌دهیم، دیگران را عصبانی می‌کنیم.

در ادامه توضیح خواهم داد که برای انجام هر عملی، یک مسیر عصبی مخصوص در مغز وجود دارد. خبر خوب این است که هرچقدر از یک مسیر عصبی بیشتر استفاده کنیم، آن مسیر قوی‌تر می‌شود و هرچقدر کمتر استفاده شود، آن مسیر ضعیف‌تر خواهد شد.

در مورد عصبانیت هم همین قانون وجود دارد. یعنی هربار که با استفاده از **خودآگاهی**، جلوی عصبانی‌شدن و عکس‌العمل سریع خود را بگیرید، مسیر عصبی مربوط به عصبانیت ضعیف و ضعیف‌تر خواهد شد.

پس حتی اگر شما جزو افرادی هستید که به شدت عصبانی‌اند، هیچ جای نگرانی نیست. مطمئن باشید آموزش‌های ارائه شده در این کتاب، به شما کمک خواهد کرد به مرور زمان، طعم شیرین آرامش را بچشید.

فصل دوم
چگونگی کارکرد مغز

فصل دوم: چگونگی کارکرد مغز

مغز چگونه کار می‌کند؟

بهتر است در ابتدا، مروری بر کار مغز داشته باشیم. چون آگاهی در این مورد، انتظارات ما را از آن متعادل می‌کند. همانطور که می‌دانید، هر عضوی از بدن کار خاصی انجام می‌دهد. دست، پا، سیستم تنفس، گردش خون و... و هر عضوی بر اساس کاری که انجام می‌دهد انرژی مصرف می‌کند.

مروری داشته باشیم بر وظایف مغز:

- ♦ هر حرکتی که بخواهیم به اعضای بدن خود بدهیم، دستور آن ابتدا از مغز صادر می‌شود. تصور کنید از صبح تا شب چقدر تحرک دارید!
- ♦ کار تمام دستگاه‌های بدن مانند گردش خون، گوارش، سیستم تنفسی، غدد داخلی بدن و تمامی کارهایی که انجام می‌دهیم مانند دیدن، شنیدن، صحبت کردن و... توسط مغز کنترل، فرماندهی و هماهنگ می‌شود؛
- ♦ علاوه بر کارهای بالا، ساماندهی به تمامی افکار روزانه و تصمیم‌گیری‌ها، یادگیری‌های جدید و به یاد سپردن مطالب هم به عهده مغز است.

انجام درست وظایف فوق، به‌طور قطع کار راحتی نیست و احتیاج به نظم خاصی دارد. چون کوچک‌ترین اشتباه، مشکلات پیش‌بینی نشدهٔ بسیاری برای ما به وجود می‌آورد. با این اوصاف، انتظار می‌رود انرژی مصرف شده توسط مغز زیاد باشد. در حالی که مغز در مقایسه با کاری که انجام می‌دهد، انرژی کمی مصرف می‌کند. یعنی در حدود ۲۰٪ کل انرژی که در بدن ما مصرف می‌شود و این مقدار مصرف نسبت به تمام این مسئولیت‌ها بسیار کم است. به نظر شما چطور چنین چیزی امکان‌پذیر است؟

بگذارید مثالی بزنم: روزی را به خاطر بیاورید که می‌خواستید رانندگی یاد بگیرید. برای شروع، تمام حواس خود را جمع می‌کردید تا همزمان بتوانید آینهٔ جلو، آینه‌های بغل، کلاچ، فرمان، ترمز و دنده را تحت کنترل خود داشته باشید. مسلماً برای این کار انرژی زیادی صرف می‌شد و اگر قرار بود تا آخر به همین نحو ادامه دهید، بدون شک رانندگی خسته‌کننده بود!

اما مغز هوشمند ما برای اینکه بتواند انرژی خود را ذخیره کند، کم‌کم رانندگی را برای ما به‌صورت عادت درآورد. به‌صورتی که اکنون به راحتی پشت ماشین می‌نشینیم و غرق در افکار خود می‌شویم. در نهایت نیز، هنگامی به خودمان می‌آییم، که به مقصد رسیده‌ایم.

در حقیقت مغز برای اینکه بتواند به بقیه مسئولیت‌هایش رسیدگی کند، انجام کارها را بعد از مدتی به صورت عادت درمی‌آورد تا از این طریق انرژی کمتری مصرف کند.

انجام کارها از روی عادت و به صورت اتوماتیک، در مورد بسیاری از کارهای دیگر نیز وجود دارد. مانند دویدن، دوچرخه‌سواری، راه رفتن، اسکی کردن، طناب‌زدن و...

با شکل‌گیری هر عادت، یک مسیر عصبی در مغز برای آن ساخته می‌شود. مسیر عصبی، یعنی راهی که یک پیام عصبی طی می‌کند تا موجب انجام کاری شود. چون

مغز انسان از میلیاردها سلول تشکیل شده. هنگامی که بخواهیم کاری انجام دهیم، پیام آن از مغز صادر می‌شود. این پیام از یک سلول به سلول دیگر می‌رسد تا در آخر به عضوی برسد که مسئول انجام کار است. هر چقدر تعداد دفعات انجام آن کار بیشتر باشد، کار انتقال پیام بین سلول‌ها راحت‌تر انجام می‌شود. چون همدیگر را شناخته‌اند.

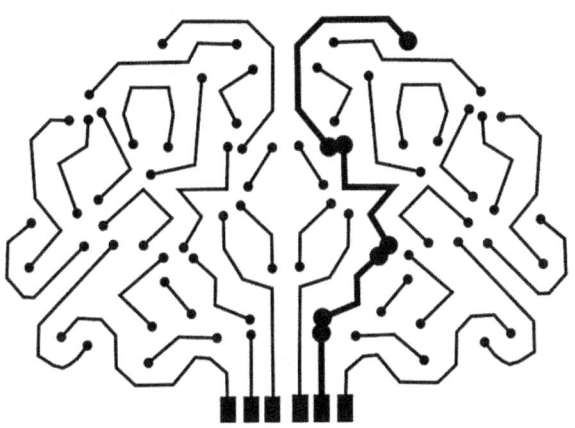

مسیر عصبی

بگذارید باز هم مثالی از رانندگی بزنم. شهر خودتان را در نظر بگیرید. رفتن از محله‌ای که در آن زندگی می‌کنید به منطقهٔ دیگری در همان شهر که تا به حال به آنجا نرفته‌اید، ممکن است در ابتدا برایتان خیلی راحت نباشد. ممکن است خیابان‌ها و کوچه پس‌کوچه‌های مناسب منتهی به آن منطقه را بلد نباشید. ولی بعد از چند بار آمدورفت، آن منطقه را خیلی خوب یاد می‌گیرید و حتی خیابان‌های میان‌بر را هم بلد می‌شوید.

به تدریج راهی را انتخاب می‌کنید که خیابان‌های هموارتر و مسیر سریع‌تری دارد و هرچه در این مسیر رانندگی شما بیشتر باشد، تسلط شما به آن مسیر بیشتر می‌شود. مثلاً جای سرعت‌گیرها را یاد می‌گیرید و به صورت ناخودآگاه، سرعت اتومبیل خود را

کم می‌کنید.

مسیر عصبی نیز دقیقاً مانند همان مسیر عبورومرور است. مغز برای انتقال پیام، بهترین مسیر را انتخاب می‌کند و هر چه کار انتقال بیشتر صورت گیرد، سرعت انجام آن بیشتر و همچنین اشتباهات ما کمتر می‌شود.

هرچقدر عادات ما قدیمی‌تر باشد و بیشتر تکرار شود، مسیر عصبی قوی‌تر و ضخیم‌تری خواهد داشت.

مانند شهرهایی که مهم هستند و رفت‌وآمد بین آن‌ها زیاد است و به همین دلیل جاده‌های بهتری دارند.

یکی از جاده‌های قدیمی مغز ما، همان مسیر عصبی خشم است. که ضخامت آن، وابسته به تعداد دفعات و شدت عصبانی‌شدن در طول روز است. هر چه فرد عصبی‌تری باشید، مسیر عصبی قوی‌تری دارید.

اگر قرار باشد خشم خود را مدیریت کنیم، باید انتقال پیام از مسیر عصبی قدیمی خشم را به یک مسیر تازه هدایت کنیم.

حالا تصور کنید که قرار است رانندگی کنید و دو جاده پیش رو دارید. یکی آسفالت و آشنا و دیگری خاکی و ناآشنا. شما کدام یک را انتخاب می‌کنید؟ مسلماً جاده آسفالت انتخاب می‌شود. چون بارها از آن گذشته‌اید و به آن عادت دارید. اگر تصمیم بگیرید از جاده خاکی عبور کنید، مدام در فکر جاده قدیمی هستید که چقدر راحت‌تر و سریع‌تر بود.

سختی مسیر جدید، تا زمانی است که جاده خاکی بر اثر رفت‌وآمدهای زیاد، هموارتر

شود و به راه، آشنا شوید.

خیابان آسفالت‌شده، مسیر عصبی خشم و مسیر خاکی، در حقیقت همان مسیر جدیدی است که می‌خواهید برای مدیریت خشم بسازید. خبر خوب اینکه هر چقدر کمتر از مسیر عصبی خشم استفاده کنید، ضعیف‌تر می‌شود و خبر بد اینکه هرچقدر مسیر عصبی قوی‌تر باشد، ضعیف کردن آن کار دشوارتری است.

پس هرچقدر الآن فرد عصبانی‌تری باشید، باید بیشتر تلاش کنید تا مسیر عصبی قبلی را ضعیف کرده و مسیر عصبی جدیدی، برای کنترل رفتار خود بسازید و این مسئله، کار شما را سخت‌تر می‌کند.

چون از طرفی، باید مواظب باشید مسیر قبلی فعال نشود و از طرف دیگر، یک مسیر جدید بسازید. اما این را بدانید حتی چند ثانیه مکث در کار مسیر عصبی خشم، آنرا ضعیف‌تر می‌کند. کسی که کارکرد مغز را نداند، بعد از ۲ بار تلاش نافرجام، دست از تلاش بیشتر می‌کشد و من دقیقاً به همین دلیل، مسیر عصبی را برای شما توضیح دادم.

در حقیقت متوجه خواهید شد که اداره خشم، فقط با مطالعه این کتاب و دریافت یکسری اطلاعات امکان‌پذیر نیست. بلکه تمرین و تکرار می‌خواهد تا مسیر عصبی مربوط به آن ساخته شود.

اگر هنوز هم مایلید این کتاب را بخوانید به شما تبریک می‌گویم که با وجود آگاهی از دشواری راه، این کتاب را تهیه کرده و تصمیم گرفته‌اید قدمی در راه تغییر خودتان بردارید. فراموش نکنید شما جزو معدود افرادی هستید که این شجاعت و اراده را دارند تا برای بهبود کیفیت زندگی خود تلاش کنند. مطمئن باشید معجزه این تلاش شما، به‌زودی در زندگی‌تان نمایان شده و شما را شگفت‌زده خواهد کرد.

چرا خشمگین می‌شویم؟

خشم هم مانند عشق، نفرت، حسادت، غم و شادی، جزو احساسات طبیعی انسان‌ها است. از آنجایی که اجداد نخستین ما (انسان‌های اولیه) در محیط‌های پرخطری مانند غارها زندگی می‌کرده‌اند، هر لحظه امکان حمله حیوانات وحشی یا افراد قبیله‌های دیگر وجود داشته است.

به‌وجود آمدن احساس خشم، نیروی فیزیکی زیادی به آنها می‌داده تا بتوانند با دشمنانشان مبارزه کنند یا در صورت قوی‌تر بودن دشمن و ناتوانی خودشان، فرار کنند. در حقیقت نیرویی که از خشم به‌دست می‌آورده‌اند، برای حفظ بقای آن‌ها کاملاً ضروری بوده است. بسیار طبیعی است، ما هم که از نسل آنان هستیم، این حس را داشته‌باشیم.

حالا با این خشم چه کنیم؟

همان طور که گفتم، خشم یک احساس طبیعی در وجود انسان است. بنابراین باید این احساس را بپذیریم و از وجود آن ناراحت نباشیم. اما مشکل زمانی خودش را نشان می‌دهد که متوجه شویم اجداد ما هنگام بروز خشم، یا مبارزه می‌کرده‌اند یا فرار. به عبارتی، یک نوع فعالیت شدید بدنی را تجربه می‌کرده‌اند و نیروی به وجود آمده تخلیه می‌شده.

◆ حال اگر نحوۀ برخورد ما با این حس طبیعی، بخواهد مانند اجداد مان باشد (که از آن به عنوان نیروی محرک مبارزه استفاده می‌کردند)، در منزل پدر و مادر یا زندگی زناشویی، قرار است دقیقاً با چه کسی مبارزه کنیم؟

◆ در محل کار چطور؟

◆ در کوچه و خیابان یا مترو و ادارات چه؟

◆ اصلاً جنگ و مبارزه لازم است؟

مسلماً خیر. احتمالاً شما هم کسانی را دیده‌اید که وقتی عصبانی می‌شوند پایشان را روی پدال گاز فشار می‌دهند و عجیب نیست که تصادف هم می‌کنند.

آثار مشتی که گاهی روی دیوار به چشم می‌خورد، مربوط به کسانی است که فهمیده‌اند زندگی، محل جنگ و جدال نیست و روش اجدادمان دیگر منسوخ شده. اما نمی‌دانسته‌اند در عوض چه کاری باید انجام دهند و این انرژی را کجا و چطور می‌توانند تخلیه کنند؟

تصور کنید با کوچکترین مسئله‌ای عصبانی شویم و عکس‌العمل‌مان هم شدید باشد. عجب زندگی جهنمی و بدی خواهیم داشت. باید فکر دیگری به حال خشم خود بکنیم. چون رسیدن به آرامش، جزو اصلی‌ترین خواسته‌های انسان‌های امروزی است.

فصل سوم
علل خشم

علل خشم

عادت

قبلاً توضیح دادم که رفتار حال حاضر ما، نتیجهٔ تربیت والدین ماست. کودکانی که با بروز اولین نشانه‌های خشم به خواستهٔ خود می‌رسند، در بزرگسالی هم همین روند را پیش می‌گیرند.

از طرفی، مشاهده پدر یا مادری که از این روش برای به کرسی نشاندن حرف خود استفاده می‌کند، دلیل دیگری برای استفاده فرزند از خشم به عنوان اولین رفتار انتخابی است. در حقیقت، دلیل زود عصبانی شدن افراد این است که از این طریق زودتر نتیجه گرفته‌اند و این رفتار به عادت آنها تبدیل شده است.

اما خشم دلایل متفاوتی دارد که باهم آنها را بررسی می‌کنیم:

اتفاقی مخالف خواسته و انتظار

معمولاً ما زمانی خشمگین می‌شویم که رویدادی، مخالف خواسته و انتظارمان اتفاق بیفتد.

مثلاً با کسی قرار داشته باشیم و او دیر سر قرار حاضر شود. یا از فرزندمان بخواهیم درسش را بخواند و بعد از مدتی ببینیم او هنوز جلوی تلویزیون نشسته. در این موقعیت‌ها، چون انتظاری داشتیم که برآورده نشده، عصبانی خواهیم شد.

درد و رنج

هر عاملی که درد و رنجی برای ما داشته باشد، باعث خشم ما می‌شود.

تصور کنید یک روز گرم، خسته به منزل برسید و ببینید کسی در خانه نیست و پشت در مانده‌اید. چه حالی می‌شوید؟

یا هنگام غذا خوردن، سنگی زیر دندانتان برود. چه احساسی به شما دست می‌دهد؟ آیا آن را تجربه کرده‌اید؟

نرسیدن به آرزوها

نرسیدن به آرزوها، جزو آن دسته از عواملی است که نه تنها در همان لحظه موجب خشم و عصبانیت ما می‌شود، بلکه هربار که یادی از آن تداعی شود، پر از حسرت خواهیم شد.

تصور کنید نتیجهٔ آزمون سراسری اعلام شود و در رشته مورد نظرتان قبول نشده باشید.

فشارهای روانی و اجتماعی

متأسفانه این عامل در کشور ما بسیار مشاهده می‌شود و تأثیرگذار است. به ندرت می‌توانیم جمع چند نفره‌ای را پیدا کنیم که در مورد مشکلات و معضلات اجتماعی صحبت‌نکنند.

در مثالی دیگر تصور کنید در اداره‌ای، به دلیل یک کار کوچک، چندین بار طبقات را پایین و بالا بروید و کسی پاسخ‌گوی شما نباشد.

یا دانش آموز سال ۱۲ هنرستان (همان چهارم دبیرستان) باشید و تا قبل از ماه دی، هنوز ندانید آیا آزمون کنکور برای شما برگزار می‌شود یا خیر؟

مشکلات اقتصادی

برای این عامل اگر هیچ مثالی هم نزنم، مطمئنم خودتان به‌اندازه کافی آن را تجربه کرده‌اید. مشکلات اقتصادی، غیر از اینکه خودشان عامل ایجاد خشم هستند، به طور غیرمستقیم روی مسائل دیگر هم تأثیر گذاشته و به‌طور کلی، احساس شادی را کم می‌کنند.

تصور کنید سررسید تخلیه منزل رسیده باشد و با پولی که دارید، نتوانید منزل مناسبی اجاره کنید.

هنوز نیمهٔ ماه باشد و دیگر پولی به عنوان خرجی خانه نداشته باشید.

یا زمان ازدواج فرزندتان باشد و نتوانید هزینهٔ آن را تأمین کنید.

حس ضایع شدن حق

مانند زمانی که در صف هستیم و کسی بدون توجه به نوبت ما، داخل صف شده و انتظار دریافت خدمات را داشته باشد.

ترس و اضطراب شدید

این عامل کمتر محسوس است. مثالی می‌زنم تا بیشتر متوجه شوید.

زمانی که فرزند ما ناگهان به وسط خیابان بدود، از تصور برخورد ماشین با فرزندمان و خدای ناکرده صدمه‌دیدن یا حتی مرگ او، چنان وحشتی در دلمان ایجاد می‌شود که به محض اینکه او را بگیریم، سرش فریاد می‌کشیم. در آن لحظه در واقع ما احساس ترس و اضطراب خود را با عصبانیت تخلیه کرده‌ایم.

حسادت

یکی دیگر از احساساتی که موجب خشمگین شدن ما می‌شود، حسادت است.

احتمالاً از خریدن یک ماشین مدل بالا توسط کسی که به او حسادت داریم، خوشحال نخواهیم شد. بلکه عصبانی می‌شویم.

غر زدن

شاید دیده باشید افرادی را که به محض سوار شدن به تاکسی، از وضعیت بد اقتصادی شکایت می‌کنند. یا کسانی که در محل کار با همکارشان مشکل پیدا کرده‌اند و وقتی به منزل می‌رسند از باندبازی و پارتی‌بازی در ادارات شکایت می‌کنند.

بسیاری از انسان‌ها هنگامی که عصبانی می‌شوند، خشم خود را سر فرد دیگری

خالی می‌کنند. به این صورت که به او غر می‌زنند. متأسفانه رفتار غرزدن در جامعه ما بسیار رواج دارد. غرزدن به معنای شکایت از وضع نامناسب به فرد نامناسب است.

برای مثال وقتی قطار تأخیر دارد، با عصبانیت دلیلش را از مسئول واگن می‌پرسیم و او را بازخواست می‌کنیم. وقتی جنسی گران می‌شود با فروشنده بد صحبت می‌کنیم. انگار او مسئول گرانی است. همان‌طور که می‌بینید در مثال‌های بالا از دست هیچ‌کدام از افرادی که به آنان غر زده شده بود کاری بر نمی‌آمد. در حقیقت غرزدن به این دلیل پیش می‌آید که ما یا جرأت یا حوصلهٔ اعتراض به فرد مناسب را نداریم. بنابراین ترجیح می‌دهیم عصبانیت خود را جوری بروز دهیم که به نظرمان راحت‌ترین راه و سریع‌ترین راه است. با این روش، فقط نفر مقابل خودمان را آزار می‌دهیم، ولی هرگز به نتیجه دلخواه خود نمی‌رسیم. یعنی نمی‌توانیم شرایط را به نفع خودمان تغییر دهیم.

با غر زدن، آستانه تحمل طرف مقابل پایین می‌آید و احتمال عصبانیت او نیز بالا می‌رود. به همین سادگی ممکن است جنجالی درست شود که مسبب آن درواقع خودمان بوده ایم.

نداشتن دغدغه جدی

بسیاری از مواقع ما خشمگین می‌شویم چون هیچ‌چیز مهمی برای پرداختن به آن در زندگی نداریم. کسانی را تصور کنید که مدام از حسادت یا حرف‌های نیش و کنایه‌دار افراد فامیل شکایت دارند و تمام روز به آن فکر می‌کنند. همین نشخوارهای ذهنی مدام آنان را عصبانی نگاه می‌دارد.

آیا اگر این افراد موضوع مهم‌تری برای پرداختن به آن داشتند، دیگر فرصت دیدن یا حس‌کردن رفتار نامناسب دیگران را پیدا می‌کردند؟ از این مثال برای خیلی از کسانی که بابت مدیریت خشم خود از من سوال می‌کنند استفاده می‌کنم. افراد

بسیاری، از یکسری رفتارهای همسر یا فرزند خود شکایت دارند و عصبانی هستند که کاملاً مشخص است به دلیل نداشتن دغدغه مهم‌تر در زندگی به نظرشان آنقدر مهم جلوه می‌کند.

خانمی از اینکه همسرش هر روز قبل از اینکه به منزل بیاید به مادرش سر می‌زند عصبانی بود. می‌گفت بابت این موضوع بارها و بارها با همسرش مشاجره کرده ولی نتیجه‌ای نداشته است. از او پرسیدم آیا مادرشوهرش دخالتی در زندگی آنان دارد و به اصطلاح در گوش همسرش حرف‌هایی می‌زند که باعث می‌شود رفتار همسرش بد شود؟

گفت: خیر. پرسیدم: آیا با اینکه تو منتظر او هستی تا با هم غذا بخورید، همسرت در منزل مادرش غذا می‌خورد و بابت این مسئله ناراحتی؟ گفت: نه. فقط به او سر می‌زند. پرسیدم: دقیقاً چرا ناراحتی؟ گفت: او الان دیگر باید بداند خانه اصلی او اینجاست نه منزل مادرش. من شخص اول زندگی او هستم نه مادرش. پس دلیلی ندارد قبل از اینکه به منزل خودش بیاید به مادرش سر بزند.

فکر می‌کنید اگر همسر این خانم خدای ناکرده مشکل بزرگی مثل اعتیاد داشت باز هم سر زدن به مادرش همین قدر برایش اهمیت داشت؟ اعتیاد یک دغدغه بزرگ است که روی بسیاری از مسائل زندگی سایه می‌اندازد. از کسانی که همسر معتاد، بیکار، بددهان و فحاش دارند بپرسید که حاضرند چه چیزهایی را در زندگی از دست بدهند و در عوض همسرشان به حالت عادی برگردد و بتوانند یک زندگی بی‌دغدغه داشته باشند.

مادری را دیدم که از دست کودک ۳ ساله‌اش شدیداً عصبانی بود و او را دعوا می‌کرد. به این دلیل که کودک روی فرش تازه شسته شده، شیر ریخته بود. به او گفتم اگر همین کودک الان به دلیل بیماری در بیمارستان بستری بود و مجبور بودی شب تا صبح و

صبح تا شب همراهش باشی، آیا حاضر بودی به قیمت یک لیوان شیری که روی فرش ریخته شود فرزندت بهبود یابد و به منزل منتقل شود؟ مادر عمیقاً به فکر فرو رفت. فقط امیدوارم بعد از آن باز هم چنین سوال‌هایی را بتواند از خودش بپرسد.

بد نیست گاهی اوقات مسائلی که ذهنتان را درگیر کرده را با مسائل دیگران مقایسه کنید. در این صورت متوجه خواهید شد چه افکار بیهوده‌ای موجب عصبانیت شما شده‌اند. می‌فهمید اوضاع آنقدرها هم که شما فکر می‌کنید سخت نیست.

ندانستن معنی زندگی

بسیاری از ما به دلیل اینکه معنی و هدف زندگی خود را نمی‌دانیم با دیگران درگیر می‌شویم. یعنی رسالت زندگی خود را نمی‌دانیم.

من برای چه کاری به این دنیا آمده‌ام؟

چرایی زندگی من چیست؟

وقتی معنی زندگی خود را ندانیم، به خیلی از مسائل گیر می‌دهیم و با کوچکترین مسئله‌ای، عصبانی می‌شویم. اما وقتی بدانیم چرا به این دنیا آمده‌ایم و هدف ما از زندگی چیست، به رویدادهای بیرونی کمتر عکس‌العمل نشان داده و کمتر غر می‌زنیم.

کمی دقت کنید. بی‌هدف‌ترین افراد، کسانی هستند که مرتب در حال ایراد گرفتن از زمین و زمان و غرزدن هستند. چون وقتشان با هیچ چیز مفیدی پر نمی‌شود و اوقات بیکاری زیادی دارند. برای شناخت بهتر خود و نحوه زندگی‌تان می‌توانید به این سؤالات پاسخ دهید.

۱- من چه کسی هستم؟ ابتدا ما باید خود را بشناسیم. نقاط قوت و ضعف خود را بدانیم.

۲ـ به چه هدفی می‌خواهم برسم؟ هدف زندگی چیزی است که به زندگی شما معنی می‌دهد. روح شما را آرام می‌کند. احساس می‌کنید به این دنیا آمده‌اید تا آن کار خاص را انجام دهید.

۳ـ چرا می‌خواهم این کار را انجام دهم؟ دلیلی که شما را ترغیب می‌کند تا آن کار خاص را انجام دهید چیست؟

۴ـ چطور می‌خواهم این کار را انجام دهم؟ رسیدن به هدف، الزاماً نباید به‌وسیله شغل شما باشد. شغل شما می‌تواند متفاوت از راهی باشد که شما را به هدفتان نزدیک می‌کند. البته که اگر شغل شما در راستای رسیدن به هدفتان باشد مسلماً کار شما راحت‌تر خواهد بود.

۵ـ برای چه کسانی می‌خواهم این کار را انجام دهم؟ مثلاً برای بچه‌ها؟ افراد مسن؟ افرادی که معلولیت دارند؟ افراد کم بضاعت؟ کسانی که به دنبال پیشرفت و یادگیری هستند؟

وقتی به همین چند سؤال ساده جواب دهیم، تا حدود زیادی می‌توانیم بفهمیم راه زندگی ما چه باید باشد. مسیر خود را پیدا می‌کنیم و دیگر به مسائل جزئی اهمیت نمی‌دهیم.

اگر با شخصی درگیری پیدا کردیم، باید ببینیم آیا ادامه درگیری در راستای رسالت ماست؟ اگر فحاشی کرد، رسالت من می‌گوید با او وارد بحث شوم و جواب دندان‌شکنی به او بدهم؟

بد نیست هر چندوقت یکبار این سؤالات را مرور کنیم. ببینیم آیا کاری که در حال انجامش هستیم در راستای اهداف ماست؟ خیلی از ما به مرور در روزمرگی گم می‌شویم

و از رسالت خود دور می‌مانیم. یادآوری آنها، بیشتر ما را در مسیر نگاه خواهد داشت. روی هدفمان متمرکز می‌شویم و به مسائل حاشیه‌ای نمی‌پردازیم.

کاتالیزورهای خشم

کاتالیزورهای خشم، عواملی هستند که باعث می‌شوند سریع‌تر عصبانی شویم. با دانستن این عوامل، قبل از عصبانی‌شدن، نیم‌نگاهی هم به این علت‌ها داشته باشید تا اگر عصبانیت شما به این عوامل هم ربط دارد، آنها را برطرف کنید.

یادگیری

اولین عاملی که باعث می‌شود فردی زیاد عصبانی شود، "یادگیری" است. فرزندان ما ابتدا در خانه و بعد در مدرسه و سپس اجتماع، الگوهای عصبانیت را می‌بینند و یاد می‌گیرند. احتمالاً دیده‌اید خانواده‌هایی را که مدام با هم دعوا دارند و گویا اصلاً بلد نیستند با روش دیگری با هم صحبت کنند. به‌گونه‌ای که جو منزلشان همیشه متشنج است.

برعکس، خانواده‌هایی که همیشه با آرامش با یکدیگر رفتار می‌کنند و فرزندانی آرام و بدون استرس بزرگ می‌کنند.

تکرار

عامل دیگری که باعث می‌شود کسی نسبت به دیگران زودتر عصبانی شود، "تکرار عصبانیت" است. کسی که اصلاً مراقب اعمال و رفتارش نباشد و هیچ ترمزی برای واکنش‌های خودش در نظر نگیرد، کم‌کم به فردی عصبی تبدیل می‌شود که با کوچک‌ترین عامل محرک، کنترل خود را از دست داده و پرخاش می‌کند. در واقع با هربار

عصبانیت، مسیر عصبی آن قوی‌تر شده و عکس‌العمل، سریع‌تر نشان داده می‌شود.

غیر از تکرار عصبانیت، عوامل دیگری هم هستند که باعث می‌شوند سطح تحمل افراد پایین آمده و زودتر عصبانی شوند. آگاهی از آنها به ما کمک می‌کند تا اگر به نظر خود یا دیگران زود عصبانی می‌شویم، بررسی کنیم و ببینیم آیا هیچ‌کدام از این عوامل در بدن ما وجود ندارد؟ شاید احتیاج به اصلاح داشته باشد.

بیماری‌ها

بعضی از بیماری‌ها به‌طور مستقیم یا غیر مستقیم باعث می‌شود تحریک‌پذیرتر باشیم و زودتر عصبانی شویم. مانند کم‌کاری تیروئید و کم‌خونی. البته بیماری‌های دیگری نیز هستند که شیوع کمتری دارند و توضیح آنها، اینجا لازم نیست.

درد

درد ناشی از بیماری هم آستانه تحمل ما را پایین می‌آورد. به همین دلیل، احتمال عصبانیت هنگامی که دندان‌درد یا سردرد داریم، بیشتر از زمانی است که سالم و سرحال هستیم.

داروها

داروها نیز در کنار تأثیرات درمانی، باعث می‌شوند از نظر عصبی بیشتر تحریک‌پذیر شویم. در واقع، افزایش تحریک‌پذیری خشم، جزو عوارض جانبی آنهاست.

همچنین به دنبال مصرف بعضی از **داروهای اعتیادآور**، بعد از مدتی بدن به آن مقدار دارو عادت کرده و داروی بیشتری طلب می‌کند. در آن هنگام، تحریک‌پذیری اتفاق می‌افتد و تا زمانی که داروی بیشتر به بدن برسد، ادامه دارد.

کم‌خوابی و بدخوابی

شاید به نظر بی‌ربط برسد. ولی این دو عامل روی سیستم اعصاب ما تأثیر مستقیم دارند. به همین دلیل، بهتر است روی کیفیت خواب خودتان بسیار دقت کنید و در صورت لزوم به پزشک مراجعه کنید.

بد خوابیدن یعنی:

- مشکل در به خواب رفتن (بیش از ۱۵ دقیقه در رختخواب باشیم و به خواب نرویم.)
- سبک بودن خواب (با کمترین صدایی از خواب بیدار شویم و دیگر خوابمان نبرد. اما اگر دوباره بتوانیم بخوابیم مشکل کمتر است.)
- بیدارشدن‌های پی‌درپی و بی‌دلیل
- کیفیت پایین خواب (صبح که از خواب بیدار می‌شویم خسته‌ایم)

چطور بهتر بخوابیم؟

- تکنولوژی قبل از خواب ممنوع (در حال حاضر یکی از مهم‌ترین دشمنان خواب، تکنولوژی است. احتمالاً شما هم جزو افرادی باشید که از آرامش آخر شب استفاده کرده و با خیال راحت سری به تلگرام و اینستاگرام و... می‌زنند یا تلویزیون می‌بینند. باید بگویم که بدترین کار ممکن همین است. لطفاً ۴ ساعت و حداقل ۱ تا ۲ ساعت قبل از خواب موبایل را کنار بگذارید و تلویزیون را خاموش کنید.)
- چرت نیم‌روزی ممنوع (چرت بیش از ۳۰ دقیقه در روز، ریتم خواب را

به هم می‌زند و بدن احساس کمتری به خواب می‌کند. مگر کسانی که هم ظهر می‌خوابند و هم شب خوب خوابشان می‌برد.)

- کم کردن قهوه و چای (در صورت عادت به کافئین، بعد از ساعت ۵ بعدازظهر چای و بخصوص قهوه مصرف نکنید.)
- لباس راحت و مناسب خواب بپوشید.
- برنامه منظمی برای خواب داشته باشید و رأس ساعتی که باید بخوابید در منزل حضور داشته باشید. چون بعضی‌ها اگر از ساعت خوابشان بگذرد دیگر تا ساعت‌ها خوابشان نمی‌برد.
- قبل از خواب نور منزل را کم کنید. این کار به ترشح هورمون خواب کمک می‌کند.
- تا حد ممکن از چراغ خواب استفاده نکنید. در صورت لزوم بیرون از اتاق، چراغی روشن کنید تا نور غیرمستقیم، فضای اتاق را کمی روشن کند؛
- هوای اتاق خواب را خنک نگهدارید.
- قبل از خواب ریلکسیشن کنید.
- با مشکلات به تخت خواب نروید. (سعی کنید قبل از اینکه به تخت خواب بروید در مورد مشکلات آن روز فکر کنید و به نتیجه برسید و بعد به تخت خواب بروید. اینکه به محض خوابیدن انواع و اقسام فکرهای مختلف به ذهن هجوم آورده و مانع خواب شما می‌شوند، ناشی از شکل‌گیری میسر عصبی است که خودتان می‌توانید کم‌کم آن را از بین ببرید.).

فصل سوم: علل خشم

گرسنگی یا رژیم‌های سخت

کم‌شدن سطح قندخون بدن، به شدت آستانه تحمل ما را پایین می‌آورد. من خودم جزو کسانی هستم که اصلاً طاقت گرسنگی را ندارم و اگر از وقت غذایم بگذرد، تحریک‌پذیر می‌شوم. این مطلب را، هم خودم می‌دانم و هم خانواده‌ام. در این مواقع سعی می‌کنم هیچ حرفی نزنم و در هیچ بحثی شرکت نکنم تا چیزی بخورم و میزان قند خونم بالا بیاید.

از گرسنگی‌های طولانی‌مدت پرهیز کنید. زندگی شاد برایتان بیشتر اهمیت دارد یا اندام زیبا؟ البته منظورم این نیست که به رژیم غذایی‌تان بی‌توجه باشید و در خوردن زیاده‌روی کنید. ولی حتماً روش‌های بهتری غیر از رژیم‌های سخت و غیراصولی هم برای لاغری وجود دارد.

گرما

افرادی که تحمل کمی نسبت به گرما دارند، در هوای گرم بی‌حوصله شده و آستانه تحملشان پایین می‌آید.

عادت ماهیانه

به دلایل فرهنگی، در کشور ما، صحبت در مورد مسئله عادت ماهانه، به صورت یک مسئله ممنوعه درآمده است. تا جایی که خیلی از زنان و مردان، از تغییرات ایجاد شده در این دوران بی‌اطلاع هستند.

شاید در کتابی با عنوان خشم، پرداختن به عادت ماهیانه بی‌ربط باشد. ولی اگر کمی صبر کنید، موضوع را برای شما توضیح می‌دهم و از ارتباط آن با موضوع آگاه خواهید شد.

عادت ماهانه، تأثیر زیادی بر خلق‌وخوی خانم‌ها دارد. آنها را عصبی کرده و بی‌حوصله‌شان می‌کند. ممکن است باعث ایجاد برخوردهای همراه با عصبانیت شود. این گونه برخوردها، حتماً بر رابطه زوج‌ها و حتی والدین و فرزندان تأثیر خواهد گذاشت. حالا در نظر بگیرید این مسئله هر ماه تکرار شود.

تصور کنید شما سه هفته تمرین کرده‌اید تا مسیر عصبی خودتان را عوض کنید. به یکباره با شروع عادت ماهیانه، همه‌چیز به هم می‌ریزد. اگر شما که در حال خواندن این کتاب هستید، زن باشید، ممکن است وقتی ببینید در این دوران کنترل کمی بر رفتار خودتان دارید، ناامید شده و از خیر تغییر بگذرید. اگر هم مرد باشید، ممکن است نتوانید خود را در مقابل بهانه‌گیری‌های همسرتان کنترل کنید و مسیر عصبی خشم شما دوباره قوی شود.

عادت ماهانه، بر روابط والدین و فرزندان هم تأثیر دارد. پدر و مادری که دوره عادت ماهانه فرزند خود را در نظر بگیرند، درگیری کمتری با وی خواهند داشت و از بوجود آمدن شرایط متشنج خانوادگی جلوگیری خواهند کرد.

عادت ماهانه باعث ایجاد چه تغییراتی می‌شود؟

تغییرات جسمانی

- دل دردهای شدید
- کمر درد
- دردهای عضلانی در نواحی ران‌ها و زیر شکم
- سر درد
- جوش‌های دردناک صورت

فصل سوم: علل خشم

- کاهش انرژی جسمانی، خمودگی و خستگی
- عدم تمرکز و خواب‌آلودگی
- علاقه به کاهش فعالیت‌های خارج از خانه
- تغییر در اشتها
- احساس ضعف شدید

تغییرات روحی

- اضطراب و بی‌قراری
- عصبانیت و احساس خشم
- بدخلقی
- افسردگی
- گاهی گریه
- حساسیت بیش از اندازه
- تحریک‌پذیری به صدا و شلوغی
- یادآوری تلخی‌ها و خاطرات بد و ناراحتی‌ها

این تغییرات، حدود ۱۲ تا ۲۴ ساعت قبل از شروع عادت ماهانه شروع شده و تا ۲ روز بعد از شروع، در بدترین حالت خود است. (در دختران جوان بیشتر است.)

سخنی با آقایان

لطفاً تغییرات بالا را یکبار دیگر مرور کنید. تصور کنید اگر شما مجبور بودید ماهی یکبار این دردها را تحمل کنید، چه حالی داشتید؟

زنان در این دوران، بسیار حساس و زودرنج می‌شوند. بسیاری از مشکلات خانوادگی، ناشی از خشم پنهان به دلیل دیده‌نشدن است. حمایت شما، می‌تواند موجب آرامش آنان شده و حتی دردهای آنان را نیز پذیرفتنی کند. وقتی شما از این تغییرات مطلع باشید، می‌توانید با صبر و حوصله، از ایجاد کشمکش‌های لفظی جلوگیری کنید. فراموش نکنید زنان خیلی خوب این "مراعات کردن" شما را متوجه می‌شوند. شاید با خود بگویید چطور می‌توانید کمک حال او باشید؟ برای شما خواهم گفت.

با توجه به دردهای مختلفی که زنان در این دوره تحمل می‌کنند، ممکن است نتوانند مانند همیشه به کارهای منزل رسیدگی کنند. کسی که از حال شریک زندگی خود بی‌اطلاع باشد، احتمالاً از نامرتبی خانه شکایت می‌کند. در مقابل، خانم خانه که خودش به‌اندازه کافی درد دارد و بی‌حوصله است، این شکایت را مساوی با خودخواهی همسرش می‌داند که حتی در این شرایط هم انتظار دارد او مانند قبل به کارها رسیدگی کند.

بنابراین عصبانی شده و از آنجایی که از نظر روحی در شرایط مناسبی قرار ندارد و بدخلق است، ممکن است جنجالی به پا شود.

شما با کمی درایت می‌توانید کاری کنید که عشق و علاقه بین شما و همسرتان بسیار بیشتر و از طرفی، آرامش خانه‌تان نیز حفظ شود. لطفاً چند روزی که همسرتان ناخوش است، حساسیت کمتری به وضع خانه نشان دهید و اگر می‌توانید در کارهای خانه به او کمک کنید و کمک حالش باشید.

فصل سوم: علل خشم

محیط منزل را برای استراحت او آرام کنید. چون بسیاری از آنان به سروصدا حساس می‌شوند. بگذارید حس کند که شما به بهترشدن حال او اهمیت می‌دهید. نمی‌توانید تصور کنید که همین درک شدن از جانب شما، چه معجزه‌ای در رابطه ایجاد خواهد کرد.

می‌دانم مشکل است ولی سعی کنید در مقابل آنان صبور باشید. ممکن است بهانه‌گیر شوند و با کوچک‌ترین حرفی گریه کنند. ولی حتی در همین شرایط هم حافظه آنان بسیار خوب کار می‌کند و صبوری شما را هیچ‌وقت فراموش نخواهند کرد.

سعی کنید با گفتن کلمات محبت‌آمیز، به او اعتماد به نفس بدهید و کاری کنید با شما احساس راحتی کنند. چون خیلی از آنان تصور می‌کنند این ناله‌های ناشی از دردی که شما هر ماه می‌شنوید، حوصله‌تان را سر می‌برد. به همین دلیل بسیاری از زنان از ترس اینکه مبادا نازک نارنجی و غرغرو به نظر برسند و جذابیت خود را برای شما از دست بدهند، تمام این دردها را در کنج خانه‌ها تحمل کرده و به هر سختی که باشد، نمی‌گذارند شما چیزی از ناراحتی آنان متوجه شوید. همین مسئله باعث می‌شود همیشه خشمی پنهانی در وجودشان باشد. خشم از اینکه حس می‌کنند چون زن هستند، مورد ظلم طبیعت قرار گرفته‌اند و مجبور هستند تمام این ناخوشی‌ها را به تنهایی تحمل کنند.

از طرفی، صورت تعدادی از خانم‌ها قبل از شروع عادت ماهانه، جوش‌های دردناکی می‌زند که به آنها آکنه گفته می‌شود. ممکن است نگران از دست‌دادن زیبایی و جذابیت خود باشند. باز هم شما هستید که می‌توانید با محبت کردن به آنان، این استرس را از آنها دور کنید. یک استکان چای یا حوله گرم می‌تواند حالشان را بهتر کند.

گفتن جملاتی از قبیل:

ای بابا، دوباره شروع شد.

یا چرا انقدر عصبی می‌شی؟

به شدت حالشان را بدتر می کند. لطفاً از آنان نخواهید منطقی رفتار کنند. فراموش نکنید زنان هیچ نقشی در به‌وجودآمدن این حالت‌ها ندارند و هیچ‌کدام دوست ندارند هر ماه درد و بی‌حوصلگی را تحمل کنند. پس لطفاً با آنان هم‌دردی کنید. در صورت امکان، آنان را با ماشین به گردش ببرید. خنده بر لبانشان بیاورید. مطمئن باشید هم درد جسمانی آنان بهبود میابد و هم شرایط روحی‌شان بهتر می‌شود.

در این دوران اگر همسرتان راضی نیست، اصرار بر مسافرت و مهمانی نکنید. یکی از معضلات این دوران، تعویض پدهای بهداشتی و رعایت نظافت است. این دو مسئله، در مسافرت و مهمانی، استرس زیادی به آنان وارد می کند. به‌خصوص که بعضی زنان به دلیل یکسری مشکلات پزشکی، خونریزی‌های بیشتر از حد معمول را تجربه می کنند. در این شرایط، اوضاع روحی‌شان هم بدتر است. چون کم‌خون‌تر و ضعیف‌تر می‌شوند و همین موضوع خودش یکی از دلایل ایجاد عصبانیت است.

احتمالاً مهمانی و مسافرت با کسی که در وضعیت روحی مناسبی نیست، چندان جذاب نباشد. پس لطفاً بابت این مسائل با آنان بحث نکنید. البته اگر شما با تلاش خودتان، هنر هدیه‌دادن آرامش را یاد گرفته باشید، می‌توانید سفر یا مهمانی خوبی را تجربه کنید.

خلاصه سخن اینکه زنان در این دوران بیشتر از هر زمان دیگری به حمایت شما احتیاج دارند. می‌توانید با صبر و حوصله، هم تعداد درگیری‌های لفظی را کم کنید و هم علاقه بین خودتان را بیشتر کنید. مطمئن باشید همسرتان به داشتن شما افتخار خواهد کرد.

سخنی با بانوان

در ابتدا باید بگویم من به دلیل هم‌جنس بودن با شما و تحصیل در رشتهٔ مامایی وضعیت زنان در این دوران را به‌خوبی درک می‌کنم. مهم‌ترین موضوعی که می‌توانم به شما یادآوری کنم این است که تا حد ممکن در این شرایط، شریک زندگی و فرزندانتان را در جریان قرار دهید و از آنان بخواهید در کارهای منزل کمکتان کنند.

لطفاً نگویید خودشان باید بفهمند. هیچ کدام از اعضای خانواده ما علم غیب ندارند. شرایط خودتان را برایشان توضیح دهید. حتی اگر در دوره‌های قبل این کار را کرده باشید، به هر دلیلی ممکن است فراموش کرده باشند. وقتی زحمت یادآوری را بکشید و همکاری آنان را ببینید، دیگر بخاطر بی‌توجهی آن‌ها خشمگین نخواهید شد.

پیش‌داوری و قضاوت نکنید. نگویید دانستن یا ندانستن این موضوع فرقی برایشان نمی‌کند. شما مادر یا همسر هستید. مطمئن باشید وجودتان برای بقیه ارزشمند است. اگر دختر خانواده هستید، حتماً مادر یا خواهر خود را در جریان بگذارید. سعی کنید استراحت کنید. انجام کارهای روزانه را بگذارید برای یک وقت دیگر و به خود سخت نگیرید تا از خشم‌های درونی راحت شوید.

این که زنان باید این دوران را تحمل کنند، تقصیر هیچ‌کس نیست. نه شوهرتان و نه فرزندانتان. پس وضع موجود را به عنوان یک امر طبیعی بپذیرید و سعی کنید آن را مدیریت کنید. تا حد امکان به شرایط روحی خودتان آگاهی داشته باشید. سعی کنید قراری با خودتان بگذارید تا این مسئله مرتب به شما یادآوری شود. مثلاً هربار که احساس ضعف جسمانی یا درد می‌کنید، یادتان بیاید که از نظر روحی در شرایط عادی نیستید. با آگاهی از این مسأله، اگر از حرف یا اتفاقی خشمگین شدید، بلافاصله متوجه می‌شوید ممکن است شما به دلیل شرایط خاص خودتان

عصبانی شده‌اید و این موضوع آنقدرها هم مهم نباشد. پس کنترل بیشتری روی رفتار خودتان خواهید داشت.

سعی کنید با خودآگاهی‌های مکرر، سختی این دوران را برای خود و خانواده خود کمتر کنید. استفاده از حوله گرم یا کیسه آب گرم بر روی شکم، تأثیر زیادی در کم کردن درد و گرفتگی عضلانی دارد. همچنین ماساژ کمر و پهلوها و دوش آب گرم نیز از شدت درد می‌کاهد.

از خوردن غذاهای نفاخ و سنگین و سرد مانند ماست، ترشی، کلم و کاهو پرهیز کنید. در عوض دمنوش‌های گیاهی مانند بابونه، گل گاوزبان، زنجبیل، دارچین و رازیانه را همراه با خرما میل کنید. تمرین‌های ریلکسیشن و تن آرامی به حفظ آرامش شما کمک زیادی می‌کنند. در نهایت اگر باز هم درد آزارتان می‌داد، می‌توانید با تشخیص پزشک، از داروهای شیمیایی استفاده کنید.

سخنی با والدین

والدین عزیز، لطفاً بهانه‌گیری‌های فرزند خود را در این دوران تحمل کنید. به او اجازه استراحت بدهید. مراقب رژیم غذایی او باشید تا دچار کم‌خونی نشود. چون در این صورت، تحریک‌پذیری او بیشتر شده و حس خشم او شدیدتر می‌شود.

اگر دیدید گریه می‌کند، با سؤال‌های پشت سرهم و تکراری، سعی نکنید علت را بفهمید. چون او خودش هم درست نمی‌داند علت رفتارش چیست؟ بهتر است مادر خانواده، پدر را در جریان وضعیت دختر خود قرار دهد تا پدر هم مراقب رفتار خود و حال دختر باشد.

فراموش نکنید هیچ مسأله‌ای مانند عادت ماهانه ثابت و تکرار شونده نیست. پس بسیار طبیعی است که در صورت بی‌توجهی، احتمال عصبانیت و کشمکش‌های خانوادگی افزایش یابد. در حالی که با خودآگاهی و مدیریت این دوران، می‌توانید آرامش و آسودگی را تجربه کنید.

فصل چهارم
تاثیرات خشم

فصل چهارم: تاثیرات خشم

تغییرات بدن هنگام خشم

در هنگام دریافت یک محرک عصبانیت یا موقعیت خطر، غدد هیپوتالاموس و هیپوفیز، سیگنال‌هایی را با هم ردوبدل می‌کنند و پیام‌هایی را به غدد فوق کلیوی می‌فرستند. این پیام‌ها باعث می‌شود هورمون آدرنالین ترشح شده و به خون پمپاژ شود. هرچه شدت محرک بیشتر باشد، میزان هورمون آدرنالین بیشتر است. آدرنالین باعث یکسری تغییرات در قسمت‌های مختلف بدن می‌شود.

◆ افزایش ضربان قلب: برای اکسیژن‌رسانی به قسمت‌های مختلف بدن و آماده باش

◆ افزایش سرعت تنفس: برای جذب بیشتر اکسیژن

◆ افزایش دمای بدن: تعریق

◆ توقف سیستم هضم، تا خون به عضلات دیگر بدن برسد: خشکی دهان و معده درد

◆ سفتی عضلات بدن: آماده‌باش برای مبارزه یا فرار

- افزایش تن صدا و لحن
- کاهش دسترسی به حافظهٔ بلندمدت: برای تفکر احتیاج به تمرکز بیشتری داریم.
- فراموشی درد و آسیب

می‌بینید که تمام این تغییرات برای اجداد ما عالی بوده چون آنان را برای فرار یا جنگ با دشمن آماده می‌کرده است. ولی در حال حاضر چنین عکس‌العملی برای ما مناسب نیست. جالب اینجاست که بسیاری از ما، اغلب اوقات به رفتار خود آگاه نیستیم. پس خودآگاهی تأثیر زیادی در بهبود عکس‌العمل ما دارد.

تأثیر خشم در زندگی ما

اگر تأثیرات خشم را روی بدن و زندگی اجتماعی خود بدانیم، مطمئناً اشتیاق بیشتری برای در دست گرفتن کنترل خود خواهیم داشت. تأثیراتی که به‌صورت طولانی مدت، زندگی ما را تحت‌الشعاع قرار می‌دهد.

این اثرات عبارتند از:

از دست دادن جایگاه اجتماعی

در ذهن خود یک مدیر خوش‌خلق و متین را با یک مدیر خشمگین مقایسه کنید. نحوه کار کارمندان این دو مدیر چه تفاوت‌هایی با هم خواهد داشت؟

از دست دادن روابط یا صمیمیت روابط خانوادگی و دوستانه

به نظر شما فرزندان، با والدینی که آرام و خوش‌اخلاق هستند رابطه بهتری دارند یا با والدینی که به اندک چیزی عصبانی می‌شوند؟

تربیت نامناسب فرزندان

والدین عصبانی، فرزندان عصبانی تربیت می‌کنند. علاوه بر آن، در خانواده‌های متشنج به دلیل عدم صمیمیت اعضا، احتمال خطا و سرکشی فرزندان بسیار بیشتر است.

مجازات ناعادلانه

این موضوع در دعواهای خانوادگی بسیار دیده می‌شود. بعد از اینکه زد و خورد خاتمه پیدا کرد، مشخص می‌شود سوءتفاهمی بیش نبوده است!

انواع بیماری‌ها

بیماری‌های قلبی و تنفسی، بیماری‌های گوارشی، دردهای عضلانی (کمردرد و ...)، سردرد و میگرن از جمله بیماری‌های ناشی از خشم است.

بروز رفتارهای پرخطر

همان‌طور که قبلاً توضیح دادم، تأثیر خشم بر بدن به گونه‌ای است که نیازمند بروز رفتاری است تا انرژی به‌وجود آمده تخلیه شود. رانندگی پرسرعت هنگام عصبانیت، نمونهٔ بارز رفتارهای پرخطر است.

گرایش به سیگار، مشروبات الکلی و مواد مخدر

به نظر می‌رسد افراد عصبانی برای فرار از حال بد خود به این مواد پناه می‌برند.

افسردگی

مجموع مشکلاتی که در زندگی افراد عصبانی به وجود می‌آید، زمینه ابتلا به افسردگی را در آنان بالا می‌برد.

خراب شدن روز

تفریحاتی را به یاد آورید که با یک اتفاق و عصبانیت، برای همه زهر شده و خاطره‌ای بد رقم زده است. بعید می‌دانم تجربه‌ای از این نوع نداشته باشید.

پایین آمدن بازدهی

یک فرد عصبانی نمی‌تواند از حداکثر نیروی خود برای انجام کاری که به او محول شده استفاده کند. چه در جایگاه پدر و مادر باشد و چه به عنوان کارمند یا کارگر در محیط کار خود قرار بگیرد.

آلت دست دیگران شدن

بعضی‌ها برای اینکه روز ما را خراب کنند، دقیقاً کاری را انجام می‌دهند تا عصبانی شویم. احتمالا این رفتار، ناشی از خشمی نهفته در وجودشان است که نسبت به ما دارند و با این کار خیالشان راحت می‌شود که ما نیز عصبانی شده‌ایم. این رفتار حتی ممکن است از نزدیکان ما سر بزند و شامل کارهایی شود که ظاهرا اهمیت زیادی ندارند.

فصل چهارم: تاثیرات خشم

فرزند نوجوانی را درنظر بگیرید که سال کنکور است و به دلیل زیاد خوابیدن، مدام از طرف والدینش مورد شماتت قرار می‌گیرد. برخورد والدین، موجب خشم نوجوان می‌شود. او نیز برای جبران حسی که در وجودش شکل گرفته و عصبانی کردن والدین خود، بعد از بیدار شدن یک راست به سراغ تلویزیون یا هر کار دیگری بجز درس می‌رود.

در اینگونه موارد، می‌توانیم با رفتاری دوستانه، از تکرار آن جلوگیری کنیم.

مختل شدن تصمیم‌گیری

بعید است کسی بتواند در حین عصبانیت تصمیم درستی بگیرد. اول اینکه، دسترسی به حافظه مختل است و دیگر اینکه، تمرکز کافی برای بررسی تمام جوانب وجود ندارد. از طرفی منصفانه فکرکردن در حین عصبانیت غیرممکن به نظر می‌رسد.

از دست‌دادن پول

فروشنده‌ای را تصور کنید که به دلیل زود عصبانی شدن و رفتار نامناسب با مشتریان، فروش خوبی ندارد.

بروز رفتارهایی با پیامدهای بد

مانند درگیری‌هایی که در محل کار روی می‌دهد.

ایجاد درگیری ذهنی

احتمالاً برای شما هم پیش آمده، که تا چند ساعت بعد از یک برخورد ناراحت‌کننده، ذهنتان درگیر موضوع بوده و با خود فکر کرده‌اید که چطور می‌توانستید پاسخ بهتری به طرف مقابل بدهید.

و درنهایت اینکه:

✦ حال ما را بد می‌کند و آرامش را از ما می‌گیرد. اگر عادت کنیم به خشمگین شدن و خشمگین ماندن، افکار حاصل از آن، ساعت‌ها و بلکه روزها همراه ما خواهد بود. اینکه چرا جواب دیگری ندادیم؟ جور دیگری حرف نزدیم؟ و هزاران سوال گوناگون دیگر که ذهن را درگیر کرده و آرامش ما را سلب می‌کند.

✦ منافع خود را از دست می‌دهیم: موضوعی که در محل کار بسیار به چشم می‌خورد؛ کارمندی را تصور کنید که مدتی است وظایف خود را خیلی دقیق انجام می‌دهد و رییس او تصمیم گرفته جهت تشویق، وی را به سمت بالاتری منصوب کند که البته حقوق و مزایای بالاتری نیز دارد. اما قبل از عملی شدن این تصمیم، به دلیل اختلاف نظری که میان او و رییس پیش آمده، عصبانیت وی و رفتار نامناسبی که از او سرمی‌زند، تشویق نیز به‌دست فراموشی سپرده می‌شود.

فصل پنجم
بروز خشم

چگونگی مواجه شدن مردم با احساس خشم

اجازه بدهید با هم مدل‌های مواجهه با خشم را بررسی کنیم. انسان‌ها در مواجه با احساس خشم، می‌توانند به ۴ صورت رفتار کنند.

تبدیل خشم به عصبانیت

یعنی هنگامی که فردی عصبانی می‌شود، بدون توجه به هر چیزی، هرگونه رفتاری که در آن هنگام او را آرام می‌کند، از خود بروز دهد. معمولاً میزان عکس‌العمل نشان داده شده بسیار شدیدتر از احساس خشم ایجاد شده است و عامل بسیاری از مشکلات زناشویی و پرونده‌های کیفری است.

احتمالاً دیده‌اید دو ماشین در خیابان تصادف می‌کنند و راننده‌های عصبانی همین که پیاده می‌شوند، بدون اینکه به خسارت ماشین‌ها دقت کنند به جان هم می‌افتند. در حالی که این خسارت‌ها، اکثر اوقات جزئی است. به عبارتی، این گونه افراد دنبال بهانه‌ای برای دعوا می‌گردند.

ابراز خشم

در این مدل، رفتار ابراز شده به شدت قبل نیست و متناسب با خشم است. مادری را تصور کنید که چون کودکش لباس مهمانی‌اش را کثیف کرده، سرش داد می‌زند. هر چند این کار از نظر تربیتی درست نیست، اما تقریباً متناسب با خشم است. البته از آنجایی که این تناسب قابل اندازه‌گیری نیست، توصیه نمی‌شود.

کنترل یا فروخوردن خشم

متاسفانه این روش که در جامعه بسیار پسندیده به‌نظر می‌رسد و به عنوان درجه‌ای از تعالی روح به حساب می‌آید، به معنی ریختن درد و رنج در خود و خوردن سم و زهر است. این کار موجب آسیب به خود و گاهی در آینده، باعث آسیب شدیدتر به طرف مقابل می‌شود. گاهی نیز دلیلی برای انتشار ظلم و تجاوز است.

زنان بسیاری از حرف یا برخورد خانواده همسر خود خشمگین می‌شوند، ولی آن را فرو می‌خورند. چون تصور می‌کنند نشان دادن عکس‌العمل باعث ایجاد کدورت شده و باید صبوری کنند. همین مسئله ممکن است باعث تکرار رفتار از طرف خانواده همسر شود. ادامه روند را خودتان حدس بزنید. این، مثالی از انتشار ظلم است.

مدیریت خشم

بهترین روش رویارویی با خشم، مدیریت خشم است. در این روش، با استفاده از روش‌های خودآگاهی، عصبانیت کمتری را تجربه کرده و از نیروی به‌وجود آمده به نفع خود و دیگران استفاده می‌کنیم.

روش‌های بروز خشم

هنگامی که عصبانی می‌شویم، به یکی از روش‌های زیر آن را بروز می‌دهیم:

- ◆ برخورد فیزیکی (کتک زدن)
- ◆ ورود به حریم شخصی (هجوم بردن به سمت طرف مقابل)
- ◆ فحاشی

اگر خشم خود را ابراز نکنیم یا به اصطلاح آن را فرو بخوریم، عصبانیت ما به صورت‌های زیر بروز می‌کند؛

- ◆ مسخره و طعنه
- ◆ خصومت و کینه
- ◆ حرص خوردن
- ◆ بدگویی پشت سر دیگران
- ◆ بی‌توجهی کردن
- ◆ آه کشیدن
- ◆ حفظ فاصلهٔ زیاد
- ◆ اشتباه یا تأخیر عمدی
- ◆ خودداری از انجام خواسته‌ها

البته این موارد حتی در مواقعی که ما عصبانیت خود را بروز می‌دهیم هم دیده می‌شوند.

فصل ششم
مدیریت خشم بر اساس نمودار رفتار

نمودار خشم

این عکس، نمودار رفتار را نشان می‌دهد و ما به‌طور اختصاصی آن را در موضوع خشم بررسی می‌کنیم. برای اینکه رفتاری از ما سربزند، به یک عامل محرک احتیاج داریم. عامل محرک در نمودار خشم، یعنی چیزی که ما را عصبانی می‌کند. این عامل محرک به‌وسیله یکی از حواس ما درک می‌شود.

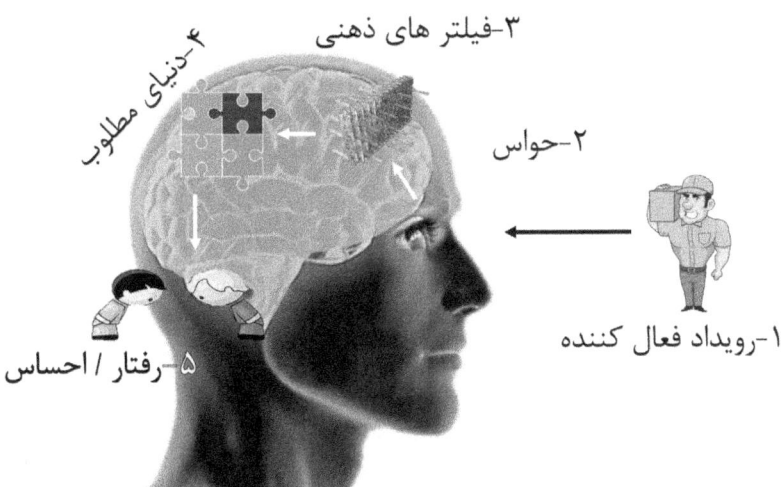

در حقیقت عصبانیت ما به یکی از این چند صورت است:

- صدا یا حرفی می‌شنویم و عصبانی می‌شویم. (مانند شنیدن ناسزا)
- صحنه‌ای را می‌بینیم و عصبانی می‌شویم. (مانند خط افتادن روی ماشین‌مان که در کوچه پارک شده)
- بویی را حس می‌کنیم و عصبانی می‌شویم. (مانند بوی سوختن غذا)
- چیزی را لمس می‌کنیم و عصبانی می‌شویم. (مانند خیس بودن شلوار کودکمان)
- مزه‌ای را می‌چشیم و عصبانی می‌شویم. (مانند بدمزه بودن غذایی که بابت آن هزینه کرده‌ایم)

این محرک‌ها بعد از اینکه توسط حواس پنج‌گانه ما دریافت شدند، از فیلترهای ذهنی عبور می‌کنند. پس از آن با دنیای مطلوب ما سنجیده شده و بر اساس تطابق با آن رفتار خاصی از ما سر می‌زند. (اگر متوجه نشدید نگران نباشید. در ادامه کامل توضیح می‌دهم.)

به‌وجود آمدن حس خشم به دو چیز بستگی دارد:

- اتفاق بیرونی
- ذهن ما

تغییر در هرکدام از این فاکتورها، می‌تواند از خشمگین شدن ما جلوگیری کند. اگر امکان تغییر اتفاقات بیرونی وجود داشته باشد، حتماً این کار را می‌کنیم و اگر امکانش میسر نبود، ذهن را تغییر می‌دهیم. بعضی از مسائل تحت کنترل ماست. مسائلی که به ما مربوط است. مانند کاری که می‌کنیم، حرفی که می‌زنیم، نظرمان، افکارمان،

فصل ششم: مدیریت خشم بر اساس نمودار رفتار

عملکردمان، چیزی که می‌خوریم، معیارهایمان، افرادی که با آنها در ارتباط هستیم، کلماتی که استفاده می‌کنیم و احساسمان.

و برخی از مسائل بیرونی است و روی آنها هیچ کنترلی نداریم. مانند: نظر دیگران، ترافیک، چیزی که بقیه می‌گویند، زمان، بالا رفتن سن، چیزی که دیگران باور دارند، احساس دیگران، زمان دیگران، قبض‌ها، آب و هوا و چیزی که دیگران فکر می‌کنند.

سطح اول مدیریت خشم: کنترل حواس

همانطور که در تصویر بالا مشاهده کردید، تمام عوامل عصبانیت از طریق یکی از حواس ۵ گانه درک می‌شوند. ما عملاً نمی‌توانیم هیچ تأثیری روی عوامل محرک بیرونی بگذاریم. اما می‌توانیم حواس خود را کنترل کنیم. پس یکی از بهترین کارها برای کمتر خشمگین شدن کنترل حواس است. باهم چند راه کنترل حواس را بررسی می‌کنیم.

تغییر مسیر یا ساعت رفت و آمد

بعید می‌دانم تا به حال ترافیک را تجربه نکرده باشید و بعیدتر اینکه کسی از گیرافتادن در آن لذت ببرد. اگر شما هم مانند من از ترافیک خوشتان نمی‌آید، می‌توانید مسیر خود را تغییر دهید یا اینکه ساعاتی را برای رفت‌وآمد انتخاب کنید که خیابان‌ها خلوت‌تر هستند. مثلاً می‌توانید نیم‌ساعت زودتر به محل کار برسید و آن نیم‌ساعت را کتاب بخوانید. هم خیابان‌ها خلوت‌تر هستند و زودتر می‌رسید، هم جای پارک مناسب پیدا می‌کنید و کتاب می‌خوانید. مهم‌تر از همه اینکه ترافیک را تجربه نکرده و عصبانی نشده‌اید.

ندیدن اخبار و حوادث

اطلاع از اخبار و حوادث تأثیر بسیار منفی در ذهن ما می‌گذارد. چون بیشترین اخباری که پخش می‌شود خبر جنگ‌ها و ناآرامی‌ها، طوفان و زلزله و سیل، آدم‌ربایی، بیماری، گرانی و... است.

همانطور که می‌بینید، هیچ‌کدام از این اخبار احساس خوبی در ما ایجاد نمی‌کند. فقط نگران‌تر و ناامیدتر می‌شویم. به عنوان کسی که از سال ۹۷ هیچ برنامه خبری را ندیده‌ام به شما می‌گویم که این بی‌اطلاعی هیچ لطمه‌ای به زندگی من وارد نکرده است. نه مردم مرا به‌عنوان یک فرد بی‌اطلاع مسخره کرده‌اند و نه به‌دلیل ندانستن شرایط اقتصادی متحمل ضرر مالی شده‌ام. امیدوار و پرانرژی به کارم پرداخته‌ام و وقت و حواسم را صرف پیشرفت خودم کرده‌ام. اما اگر به دلیل شغل خود مجبور هستید از اخبار مطلع شوید، بهتر است آن را بخوانید. چون لحن راوی خبر، تأثیر خبر را بیشتر می‌کند.

تغییر زمان مراجعه به سازمان‌ها

اکثر سازمان‌ها در ساعت‌های اولیه صبح بسیار خلوت‌تر هستند. بنابراین کار شما سریع‌تر انجام می‌شود. از طرفی پرسنل هر سازمان اول صبح پرانرژی و با حوصله هستند و احتمال برخورد نامناسب کمتر است. همانطور که می‌بینید باز هم احتمال عصبانیت شما کاهش می‌یابد.

درخواست ادامه ندادن گفتگو

ممکن است گفتگو با شخص خاصی شما را کلافه کند. در این صورت یا از او بخواهید به گفتگو پایان دهد و یا به بهانه‌ای خود را به کار دیگری مشغول کنید. البته ترک محل هم گزینه مناسبی است.

در انتخاب تفریحات خود دقت کنید

هنگام مشاهده فیلم‌های خشن، مغز خودش را به‌جای شخصیت فیلم گذاشته و مسیر عصبی آن رفتار را می‌سازد. مانند بچه‌ها که از یک شخصیت الگو می‌گیرند، برای ما هم اتفاق می‌افتد. فقط چون آگاهی بیشتری به رفتار خود داریم شدت آن کمتر است.

اطرافیان خود را محدود کنید

شاید تجربه کرده باشید که معاشرت با یکسری از آدم‌ها حال ما را بد می‌کند. به صورت ناخودآگاه با آنها درگیر می‌شویم. اگر شما نیز چنین کسانی را اطراف خود دارید، در صورت امکان رفت و آمد را به موارد ضروری محدود کنید.

> شما هیچ‌وقت از ۵ نفر اطراف خودتان بهتر نخواهید بود.
>
> جیم ران

بد نیست ۵ نفری را که بیشترین ساعات روز خود را با آنان می‌گذرانید، مشخص کنید. از نظر کیفیت زندگی، معنویت، اهمیت به سلامت جسمانی، وضعیت معاش،

عشق ورزیدن و خصوصیات اخلاقی، چه نمره‌ای به آنان می‌دهید؟ این نمره میانگین چیزی است که کیفیت زندگی شما را مشخص می‌کند. چون شما هیچ‌گاه بیشتر از آنان نخواهید شد.

البته این نکته را در نظر داشته باشید که بعضی از اطرافیان را هیچ‌گاه نمی‌توان حذف کرد و همچنین هیچ‌کس را نمی‌توانید تغییر دهید. پس لطفا از دیگران ایراد نگیرید. اگر قرار است کسی تغییر کند، آن شخص خود شما هستید. آن هم با آموزش.

وقتی شما شروع می‌کنید به آموزش دیدن، در حقیقت شخص دیگری را به عنوان یکی از آن ۵ نفر اطراف خود انتخاب کرده‌اید که یا مدرس شماست و یا نویسنده کتابی که می‌خوانید. فقط در این صورت است که یا تأثیرپذیری شما از اطرافیان کمتر می‌شود و یا به دلیل بالا آمدن سطح دانش و آگاهی‌تان، دیگران شما را رها می‌کنند. گاهی نیز تغییرات رفتاری شما به دنبال آموزش روی دیگران تأثیر گذاشته و موجب بهبود رفتار آنان خواهد شد. پس بهترین کار این است که تغییر و آموزش را از خود شروع کنید.

مرور خاطرات منفی ممنوع

وقتی اتفاقات گذشته را در ذهن خود یادآوری می‌کنید، مانند این است که آن اتفاق دوباره تکرار شده. یعنی اگر چند روز قبل مسئله‌ای موجب عصبانیت شما شده، یادآوری آن دوباره همان تأثیرات را در ذهن و روان شما خواهد گذاشت و مسیر عصبی خشم را قوی‌تر خواهد کرد. پس تا جایی که ممکن است خاطرات بد خودتان را مرور نکنید.

سطح دوم مدیریت خشم: شناخت فیلترهای ذهنی

فیلترهای ذهنی، اطلاعات ما را تفسیر و معنادهی می‌کنند. یعنی این شما هستید که به هر چیزی (اتفاقی یا جمله‌ای) معنی خاصی می‌دهید. در حقیقت تفسیر شما از واقعیت‌های بیرونی، می‌تواند تعیین کننده واکنش شما باشد.

تعداد فیلترهای ذهنی زیاد است که ما با هم مهم‌ترین‌ها را بررسی می‌کنیم. ممکن است مبحث سختی به نظر برسد. نگران نباشید. با توضیحات بیشتر متوجه خواهید شد.

فیلترهای دانشی

اگر اطلاعات ما نسبت به موضوعی تغییر کند به احتمال زیاد تفسیر ما نیز تغییر می‌کند.

۱ـ رفتار هرکس بهترین خودش بوده است.

هرکس، در هر زمانی، کاری که انجام داده، بهترین چیزی بوده که بلد بوده است. بهترین رفتاری که به ذهنش رسیده همان بوده. در حقیقت هر شخصی، هرکاری که انجام می‌دهد چه خوب باشد و چه بد، بهترین کاری است که از نظر خودش می‌تواند انجام دهد. مغزش تا همین مقدار بلد است. درک او در زمان انجام آن کار، تا همان مقدار است.

استفاده‌ای که ما می‌توانیم بکنیم: وقتی رفتار نامناسبی از کسی سر می‌زند به جای اینکه عصبانی شویم، دلمان برایش می‌سوزد. چون می‌فهمیم بنده خدا آنقدر از نظر تربیتی اوضاع وخیمی دارد که بهترین کاری که الان به ذهنش می‌رسد همین است.

مثال: شبی در جاده رانندگی می‌کردم. ماشینی از پشت سر مرتب با سوی بالای چراغ علامت می‌داد که از سر راهش کنار بروم. در حالی که جاده خلوت نبود و اگر هم من کنار می‌رفتم، در سرعت او تغییری ایجاد نمی‌شد.

ابتدا کمی ناراحت شدم. با خودم گفتم عجب آدم بی‌ملاحظه و خودخواهی. ولی به سرعت یاد همین بخش از کنترل خشم افتادم. بیشتر دلم برایش سوخت که الآن بهترین کاری که بلد است انجام دهد همین است. پس به جای اینکه بیشتر عصبانی شوم و با او لج کنم، به آرامی از سر راهش کنار رفتم. در تمام طول مسیر به این مسئله فکر می‌کردم که چطور می‌توان به این شخص آموزش داد و کمک کرد؟

کسی که برای کم‌کردن درد و رنج خود به مواد مخدر روی می‌آورد و موجب بوجود آمدن مشکلات بیشتر برای خانواده‌اش می‌شود، مسلماً آموزش خاصی در مورد روش رویارویی با مشکلات زندگی و حل مسائل خود ندیده است.

مردی که همسر خود را می‌زند، راه دیگری برای حل مشکلات زناشویی خود بلد نیست.

البته بهترین رفتار آنها لزوماً درست نیست. فقط وقتی ما این مسئله را بدانیم، به جای عصبانیت به این فکر می‌کنیم که این انسان‌ها در چه محیطی پرورش یافته‌اند که رفتارشان این‌گونه است و چگونه می‌توان به آنان کمک کرد؟

دیگر نمی‌گوییم: چقدر خودخواهه، نفهمه، بی‌شعوره، بی‌توجهه!

می‌گوییم: "ناآگاه است" و ناگهان ادبیات ما تغییر می‌کند.

مسئله دیگر این است که اغلب اوقات، ما نیز به رفتار خود آگاه نیستیم و فقط ایرادهای رفتاری دیگران را می‌بینیم. به همین صورت، دیگران نیز به رفتار خود آگاه نیستند. قبلاً هم گفتم خودآگاهی در بهبود رفتار تأثیر معجزه آسایی دارد.

۲ـ عوض شدن اطلاعات ما

حتماً فیلم‌های دوربین مخفی را دیده‌اید. موارد زیادی وجود دارد که شخص از شوخی که با او کرده‌اند، ناراحت و عصبانی شده. ولی همین که فهمیده دوربین مخفی است، خندیده و رفتار ناخوشایندی از خود نشان نداده.

مشابه این موارد در زندگی ما نیز به چشم می‌خورد. یک جمله خاص را در نظر بگیرید. برای مثال جمله: پسرت چقدر لاغر شده. مریضه؟

اگر خواهرمان بگوید چه حسی داریم؟ حالا تصور کنید از طرف خانواده همسرمان چنین چیزی بشنویم. من هیچ قضاوتی نمی‌کنم. خودتان فکر کنید که آیا حس شما در هر دو مورد یکسان بود؟

فیلتر حافظه

اکثر ما به حافظه خود اطمینان خاصی داریم. تصور می‌کنیم چیزی که یادمان می‌آید کاملاً درست است. در حالی که مغز ما بسیاری از جاهای خالی خاطرات را که فراموش کرده، برای خود می‌سازد و آن جاهای خالی را پر می‌کند و این مسئله بوسیله تحقیقات مختلف دانشمندان ثابت شده.

براساس این تحقیقات مغز ما اطلاعات را آن‌گونه که فکر می‌کند به نفع ماست دستکاری می‌کند. البته ما متوجه این دستکاری نمی‌شویم.

استفاده‌ای که ما می‌توانیم بکنیم: بسیاری از خشم‌های ما به‌دلیل حافظه کاذب است. حالا که می‌دانیم ممکن است چیزی که یادمان می‌آید اشتباه باشد، با قطعیت کمتری صحبت می‌کنیم و روی حرف خود پافشاری نمی‌کنیم.

یا اگر کسی قطعی صحبت کند و بعد ببینیم اشتباه کرده، عصبانی نمی‌شویم. برای جلوگیری از این نوع اشتباهات خیلی بهتر است که مطالب مهم را یادداشت کنیم.

مدتی قبل باید دخترم را به کلاس موسیقی می‌بردم. طوری حرکت کردم که راس ساعت ۵ عصر آنجا باشم. وقتی رسیدم، دیدم نه معلم آمده و نه شاگردان. خیلی ناراحت شدم. داشتم فکر می‌کردم آموزشگاه منظمی نیست و ترم بعد دخترم را جای دیگری ثبت‌نام خواهم کرد.

در این افکار بودم که مدیر آموزشگاه را دیدم و علت را پرسیدم. ایشان با خونسردی گفتند که کلاس ساعت ۶ عصر شروع خواهد شد. عصبانیتم بیشتر شد. چون به من اطلاع نداده بودند. با ناراحتی توضیح خواستم. ایشان گفتند که کلاس موسیقی همیشه ساعت ۶ شروع می‌شده.

واقعاً حرف مزخرفی بود. امکان نداشت من اشتباه کنم. با عصبانیت بیشتر، موبایلم را بیرون آوردم تا به او ثابت کنم اشتباه می‌کند. وقتی گروه تلگرام را چک کردم بسیار شرمنده شدم. چون ساعت کلاس موسیقی و نقاشی را اشتباه کرده بودم. کلاس نقاشی ساعت ۵ شروع می‌شد. جالب اینجا بود با اینکه موبایلم را چک کرده بودم، هنوز باورم نمی‌شد حافظه‌ام اشتباه کند.

فیلتر اثر هاله‌ای

وقتی ویژگی خوبی در کسی ببینیم، بقیه ویژگی‌های خوب را هم به او نسبت می‌دهیم. مثلاً اگر صدای زیبای خانمی را از پشت تلفن بشنویم، احتمالاً تصور می‌کنیم زیبا نیز باشد.

تأثیر این مسئله در خشم: در موارد منفی هم اثر هاله‌ای وجود دارد. وقتی کسی را

فصل ششم: مدیریت خشم بر اساس نمودار رفتار

ببینیم که کنار خیابان خوابیده، انتظار داریم صدایش خش‌دار باشد یا معتاد باشد. حتی ممکن است ناخودآگاه رفتارمان نیز تغییر کند.

با آگاهی از این فیلتر، آگاهی ما نسبت به رفتار با دیگران بیشتر می‌شود. عکس‌العملی که به آنها نشان می‌دهیم به چه علت است؟ آیا اثر هاله‌ای باعث آن نیست؟

بسیاری از مواقع اگر رفتاری از یک فرد متشخص سر بزند، ناراحت نخواهیم شد. ولی اگر همان رفتار از یک فرد ولگرد سر بزند عصبانی می‌شویم.

برای سخنرانی به یکی از سازمان‌ها دعوت شده بودم. هنگامی که به سالن رسیدم آقایی را دیدم که کت و شلوار پوشیده بود و با دهان از شیر آب سردکن آب می‌خورد. با خودم گفتم چرا نظافت‌چی یادش رفته کنار آبسرد کن لیوان بگذارد؟ الان که فکر می‌کنم می‌بینم اگر همین کار را فردی انجام داده بود که لباس درست و حسابی بر تن نداشت شاید برداشت دیگری می‌کردم. مثلاً ناراحت می‌شدم و می‌گفتم چقدر آدم بی‌فرهنگی است که نمی‌داند نباید به شیر آب، دهان بزند. بقیه هم می‌خواهند از همین شیر آب بخورند.

این مثال‌ها از زندگی شخصی و رفتارهای خود من است. تا بدانید هرچقدر هم که مطالعه داشته باشید باز هم امکان خطا وجود دارد. پس اولاً به قضاوت‌های خود مطمئن نباشید و دوماً از تمرین و کوشش برای ضعیف کردن مسیر عصبی خشم دست برندارید.

فیلتر تعمیم

◆ تعمیم مشکل:

مشکل پیش‌آمده را به تمام قسمت‌ها یا زمان‌ها تعمیم می‌دهیم.

تو همیشه دیر میای؛

تو همه‌اش کارات اینجوریه؛

یه بار شد به حرفم گوش بدی؟؛

تو هیچ‌وقت تکلیفت رو درست انجام نمی‌دی.

این جملات، نمونه‌هایی از فیلتر تعمیم هستند.

تعمیم‌دادن، تمام روابط را خراب می‌کند.

تمرین: بگردید و در رفتار خود نمونه‌هایی از جملات تعمیمی پیدا کنید.

◆ شخصی سازی:

بعضی از افراد، حرف‌هایی که می‌شنوند را به خود می‌گیرند.

مثلاً اگر کسی بگوید: آدم دیگه نمی‌تونه به کسی اعتماد کنه. با خود می‌گویند: منظورش من بودم. چرا؟ مگه من چیکار کردم که نمی‌تونه اعتماد کنه؟

جالب اینجاست که این افراد دلایل من درآوردی بسیاری هم جور می‌کنند که حرف دیگران را به خود نسبت دهند و حتی اگر گوینده حرف، خودش هم بگوید منظوری نداشتم، قبول نمی‌کنند.

مسئله اینجاست که امکان دارد خودمان هم جزو این افراد باشیم.

فصل ششم: مدیریت خشم بر اساس نمودار رفتار

سوال: آیا امکان دارد منظور طرف مقابل واقعاً ما باشیم؟

جواب: بله ممکن است. اما به نظر شما اگر ما این طرز فکر را داشته باشیم راحت‌تر زندگی می‌کنیم یا بی‌خیال باشیم؟ مسلماً بی‌خیالی بسیار راحت‌تر است. البته اگر چنین برداشتی از حرف کسی داشتیم خیلی راحت می‌توانیم از او بپرسیم آیا منظورش به ما بوده؟

در صورتی که جوابش مثبت بود علت را از او بپرسیم. اگر به راحتی جواب داد که بهتر و اگر جواب نداد مشکل خودش است. زیرا طعنه زدن رفتار سالمی نیست.

سطح سوم مدیریت خشم: شناخت دنیای مطلوب

دنیای مطلوب، دنیایی کوچک و شخصی است که از لحظه تولد در ذهن ما خلق می‌شود و ساخت آن تا زمان مرگ طول می‌کشد. خصوصیات آن در هر شخصی با شخص دیگر متفاوت است و با ایده‌آل‌های ما، هم‌خوانی دارد. ایده‌آل ما بستگی به این دارد که سلیقه ما چگونه است؟ سلیقه بسته به تجربیات گذشته، مشاهدات از دیگران و چیزهایی که در زندگی از آن لذت برده‌ایم متفاوت است.

اولین موجودی که در دنیای مطلوب جای می‌گیرد مادر است. به همین دلیل ناسزا به مادر، یکی از مهم‌ترین گزینه‌های خشمگین شدن هر شخصی است.

زمانی حال ما خوب است که اتفاقات بیرونی، دقیقاً منطبق با دنیای مطلوب ما باشد. در غیر این‌صورت، اکثر اوقات خشمگین می‌شویم. دنیای مطلوب شامل این موارد می‌شود:

افراد: پدر و مادر، خواهر و برادر، همسر، فرزند، معلم و دوستان

اگر کسی به افرادی که در دنیای مطلوب ما هستند بی‌احترامی کند، خشمگین می‌شویم. حتی اگر آن شخص خودش هم در دنیای مطلوب ما باشد.

والدینی که درباره دوستان فرزندشان نظر خوبی ندارند، موجب رنجش فرزندشان می‌شوند. با اینکه خودشان در دنیای مطلوب او هستند.

همسری که از خانواده همسرش به او شکایت می‌کند و ایراد می‌گیرد، او را عصبانی می‌کند با اینکه خودش در دنیای مطلوب اوست.

دوستی که به والدین دوستش توهین کند، مسلماً با برخورد شدید او مواجه خواهد شد. با اینکه خودش در دنیای مطلوب او قرار دارد.

باورهای ما

اگر کسی به باورهای ما بی‌احترامی کند عصبانی خواهیم شد. گاهی حتی اگر مخالفت شود هم ناراحت می‌شویم و انتظار داریم همه اعتقادات ما را بپذیرند.

وسیله‌ها

مانند یادگاری‌های خاص که برای هرکس متفاوت است.

توقعات ما

هر چیزی که توقع داریم. وقتی به توقعات ما بی‌احترامی شود یا برآورده نشود عصبانی می‌شویم.

خودمان و متعلقاتمان

من خودم هم در دنیای مطلوب خودم هستم. هر چیزی هم که متعلق به من است در دنیای مطلوب من قرار دارد. مانند محل تولد یا آبرو.

تمام چیزهایی که از آنها لذت می‌بریم در دنیای مطلوب ما قرار می‌گیرد و وقتی دیگر از آن لذت نبریم از دنیای مطلوبمان خارج می‌کنیم.

فصل هفتم
مدیریت خشم بر اساس خودآگاهی

توقع، یکی از اصلی‌ترین علل خشم

بسیاری از خشم‌های ما، مربوط به برآورده‌نشدن توقعات ماست. توقعات بسیاری وجود دارد که چون برایمان عادی شده، از آنها بی‌اطلاع هستیم و فقط وقتی برآورده نمی‌شوند، حالمان بد می‌شود. البته این به این معنی نیست که نباید هیچ توقعی داشته باشیم. بلکه باید به توقعاتمان آگاه باشیم.

مثل اینکه:

وقتی من در حق کسی لطفی می‌کنم، او هم باید لطف مرا جبران کند

این کار بیشتر به گروکشی شبیه است که اگر توقع برآورده نشود، خشم به‌وجود می‌آید. مدتی قبل، شخصی با من در مورد دوستش صحبت می‌کرد و شدیداً از دست وی عصبانی بود. وقتی علت را پرسیدم گفت بارها پیش آمده که در اداره کارش زیاد بوده و من کمکش کرده‌ام تا کارش زودتر تمام شود. ولی دیروز که ماشینش را از او

خواستم به من قرض نداد.

می‌گفت اگر می‌دانستم انقدر بی چشم و رو است، اصلاً کمکش نمی‌کردم و تصمیم داشت دیگر هیچ‌کاری به کارش نداشته باشد. از او پرسیدم: آیا در اداره او از شما خواسته بود که کمکش کنی؟ گفت: نه. ولی او بچه کوچکی دارد که بسیار خسته‌اش می‌کند. در راه رضای خدا به او کمک کردم تا هنگامی که به منزل می‌رود انرژی بیشتری برای رسیدگی به بچه‌اش داشته باشد.

باید بگویم اگر توقع جبران نداشت کارش زیبا بود. اما با این اوصاف به تجارت بیشتر شبیه بود.

«من مشکل تو را حل می‌کنم به شرطی که تو هم مشکل مرا حل کنی.»

در مثال قبل، عصبانیت به‌دلیل توقع جبران بوجود آمده و احتمالاً این شخص تا مدت‌ها از دست دوستش ناراحت خواهد بود. در صورتی که اگر از همان ابتدا لطفی نمی‌کرد، الآن دوستی‌شان مانند قبل بود.

البته این به آن معنی نیست که به دیگران لطفی نکنید. مهم این است که اگر هم کاری برای کسی انجام می‌دهید، بدون انتظار جبران باشد. اگر هم انتظار جبران دارید از همان ابتدا انتظار خود را مشخص کنید. در خانواده هم بهتر است وظایف مشخص شود تا به عنوان لطف تلقی نشود و توقع ایجاد نکند.

بسیاری از والدین را دیده‌ام که از بچه‌شان نگهداری می‌کنند و امیدوارند هنگامی که پیر شدند بچه‌ها از آنان نگهداری کنند. البته به شخصه سپردن والدین به خانه سالمندان را اصلاً نمی‌پسندم. اما این نوع تفکر برای نگهداری از فرزند هم جای اشکال دارد. کمی که دقت کنیم ممکن است این نوع معامله را در زندگی خودمان هم ببینیم. تجارت به نام لطف.

همسرم خودش باید بداند من چه نیازی دارم. بداند چه چیزی دوست دارم. مناسبت‌ها را یادش بسپارد و...

از همین ابتدا به شما بگویم هیچ‌کس علم غیب ندارد. شمایی که انتظار داری همسرت بداند چه نیازی داری و... آیا خودت می‌توانی همین موضوعات را درباره او حدس بزنی؟ آیا تا حالا از او پرسیده‌ای که درست حدس زده‌ای یا نه؟ بسیاری از مواقع ما چیزی را از کسی انتظار داریم که اگر همان موضوعات را از ما بخواهند تعجب می‌کنیم که عجب آدم پرتوقعی است!

اینکه انتظار داشته باشیم همسر ما خودش بداند دوستش داریم، خودش بداند از چه چیزی ناراحت می‌شویم، دوست داریم کجا برویم، منطقی به نظر نمی‌رسد. خداوند به انسان‌ها عقل و زبان داده که احتیاجات خود را بشناسند و بگویند. تفاهم به معنی حدس‌زدن فکر طرف مقابل نیست. فکر نکنید اگر این اتفاق بیفتد شما خوشبخت هستید و چون همسرتان این توانایی ماورایی را ندارد پس نمی‌توانید احساس خوشبختی کنید.

تمام کارهای ما مورد قبول دیگران باشد و کسی از ما انتقاد نکند.

به‌نظر شما این موضوع تا چه حد امکان‌پذیر است؟ احتمالاً الان همه می‌گویند معلوم است. امکان ندارد بتوانیم همه را از دست خودمان راضی کنیم. ولی در عمل جور دیگری رفتار می‌کنیم. تصور کنید در منزل شما مهمانی برپاست و از صبح مشغول تدارک غذا بوده‌اید. بعد از صرف غذا متوجه می‌شوید یک نفر از طعم غذای شما

خوشش نیامده. حس شما چیست؟ باید با خودمان روراست باشیم تا متوجه شویم این مسئله تا چه اندازه در مورد ما صدق می‌کند.

باید اعتراف کنم من هنوز نتوانسته‌ام کاملاً این توقع را در خودم از بین ببرم. خیلی سعی کرده‌ام از تجربیات دیگران استفاده کنم و هنوز هم در حال خودسازی هستم. یادم می‌آید اوایل کارم برای سخنرانی به یکی از دبیرستان‌ها دعوت شده بودم. چون نزدیک کنکور بود مطالبی در رابطه با نحوه مطالعه و به یادسپاری صحیح دروس تهیه کرده بودم. اواسط سخنرانی ۵-۶ نفر از دانش‌آموزان سالن را ترک کردند. بعد از اتمام سخنرانی تا چند روز در این فکر بودم که چرا؟ از کجای مطالب خوششان نیامد؟ چطور مطلب تهیه کنم که از این به بعد هیچکس ناراضی نباشد؟

مدتی بعد در دوره‌ی یکی از اساتید سرشناس که هزینه‌اش میلیونی بود شرکت کردم. غرق در یادگیری مطالب و تحسین روش تدریس ایشان بودم که صدای خوروپف آرام شرکت‌کننده کناری توجهم را جلب کرد. دیدم حتی وجود یک سخنران کاملاً حرفه‌ای و پرداخت هزینه هم نمی‌تواند باعث شود حواس مخاطب کاملاً جمع باشد. اگر کسی خوابیده یعنی مطالب برایش کاملاً جذاب نبوده. به یاد سخنرانی خودم افتادم که بیهوده سعی کرده بودم همه را راضی کنم.

اختلاف نظر و سلیقه نداشته باشیم. نیازها، باورها، خواسته‌ها و ارزش‌های یکسان داشته باشیم.

کمی که دقت کنید متوجه می‌شوید زوج‌های جوان بیشتر به فکر یک جور بودن هستند تا تکامل یافتن. مدتی است که به این نکته توجه و درباره آن مطالعه می‌کنم. به این نتیجه رسیده‌ام که چون زوج‌ها مهارت‌های لازم برای حل اختلاف نظرهای بین

فصل هفتم: مدیریت خشم براساس خودآگاهی

خودشان را ندارند، ترجیح می دهند اصلاً هیچ تفاوت عقیده ای وجود نداشته باشد. در حقیقت از رویارویی با تفاوت‌ها می‌ترسند. چون باعث دعوا و درگیری می‌شوند. وقتی با شخصی برخورد کنند که دقیقاً مانند آنها فکر می کند و علایق و سلیقه‌اش مانند آنهاست، تصور می کنند این همان نیمه گم‌شده‌شان است.

اما اگر ۲ نفر کاملاً مانند هم باشند که نمی‌توانند از هم یاد بگیرند. از آن گذشته حتی در یک خانواده هم اعضا مانند هم فکر نمی‌کنند. پس لطفاً از نیازها، باورها و سلیقه‌های متفاوت نترسید. در موردش صحبت کنید و مهم‌تر از همه، مهارت‌های زندگی کردن را بیاموزید.

تفاهم ضامن خوشبختی است. یعنی با وجود تمام تفاوت‌ها بتوانید بدون اینکه بحث بالا بگیرد با هم صحبت کنید و به یک نتیجه مورد توافق دو طرف برسید. اتفاق خطرناک هنگامی روی می‌دهد که یکی از طرفین بخواهد طرف مقابل را مانند خودش کند. اینجاست که خشم‌ها و عصبانیت‌ها شروع می‌شود. یادتان باشد هیچ گاه، هیچ کس را نمی‌توان تغییر داد مگر اینکه خودش بخواهد. وقتی ما بدانیم وجود تفاوتها کاملاً عادی است، دیگر از وجودشان خشمگین نمی‌شویم و به‌جای آن انرژی خود را بر ایجاد تفاهم متمرکز می کنیم.

"نه" نشنویم

خیلی‌ها فکر می کنند اگر کسی به درخواستشان جواب رد بدهد، یعنی دوستشان ندارد یا مورد قبول آن شخص نیستند. بنابراین عصبانی می‌شوند. در صورتی که این موضوعات هیچ‌ربطی به هم ندارد. اگر کسی به درخواست کمک مالی ما جواب رد داد، دلیل بر این نیست که از ما خوشش نمی‌آید و دلایل بسیاری می‌تواند برای اینکار داشته باشد.

کسانی که از شنیدن جواب نه ناراحت نمی‌شوند عزت‌نفس بسیار بالایی دارند. تمرین نه شنیدن می‌تواند بسیار کمک‌کننده باشد. مثلاً از مغازه‌دارها بخواهید مبلغ زیادی کارت بکشید و آنان پول نقد به شما دهند. مطمئناً اکثر جواب‌هایی که می‌شنوید منفی خواهد بود.

همیشه همه‌چیز بر وفق مراد باشد

با اینکه می‌دانیم چنین چیزی امکان‌پذیر نیست باز هم عصبانی می‌شویم.

در کارها شکست نخوریم

شکست فقط در صورتی انسان را ناراحت نمی‌کند که انسان به چشم فرصتی برای رشد به آن نگاه کند. کسانی که تصور می‌کنند شکست به معنای هدررفتن زمان و انرژی و سرمایه است، قطعاً ناراحت خواهند شد. با مقداری مطالعه متوجه می‌شوید که تقریباً تمام انسان‌های بزرگ و حتی شرکت‌های مهمی مانند گوگل و نوکیا نیز پروژه‌های شکست خورده دارند.

❖ **اگر مدت‌هاست که در زندگی شکست نخورده‌ای یعنی کار مهمی انجام نداده‌ای.**

راه‌حلی پیدا کنیم که بی‌مشکل باشد

یکی از اقوام به تازگی برای برگزاری جشن ازدواجش به دنبال سالن پذیرایی بود. خیلی از سالن‌های سطح شهر را دیده، ولی هنوز محل مناسبی پیدا نکرده بود. سراغ من آمد تا بپرسد آیا جای مناسبی سراغ دارم؟ هر کدام از سالن‌ها را که پیشنهاد دادم دیده بود و ایرادی گرفت. یکی خارج از شهر بود. یکی وسط سالنش ستون داشت. یکی سیستم صوتی مناسبی نداشت. دیگری خیلی بزرگ بود. حیاط آن یکی به درد فیلمبرداری نمی‌خورد. محل نشستن عروس و داماد شیک نبود و...

از او پرسیدم دقیقاً به دنبال چه‌جور محلی است؟ وقتی خصوصیات محل مورد نظرش را توضیح داد به او گفتم باید چند سالی صبر کند و هیچ چاره دیگری ندارد. تعجب کرد. به او گفتم محلی با این خصوصیات سراغ ندارم اما امیدوارم در چند سال آینده ساخته شود.

امیدوارم متوجه منظورم شده باشید. بعضی‌ها توقع دارند وقتی مشکلی برایشان پیش می‌آید، بتوانند طوری آن را حل کنند که دیگر همه‌چیز در بهترین حالت ممکن باشد. در حالی که هر راه حلی، مشکلات خاص خودش را دارد. باید ببینیم تحمل چه مشکلاتی برای ما آسان‌تر است و همان را انتخاب کنیم.

دنیا منصفانه باشد

متأسفانه بسیاری از ما فقط کسانی را می‌بینیم که سلامتی و ثروت بیشتری نسبت به ما دارند و تصور می‌کنیم دنیا روی خوشش را به آنان نشان می‌دهد و در حق ما ظلم شده. فکر می‌کنیم اگر درآمد بیشتر، ظاهر متفاوت‌تر یا محل زندگی دیگری داشتیم، خوشبخت‌تر بودیم.

شاید این صحبت‌ها دیگر کلیشه‌ای شده باشد. اما ما عادت کرده‌ایم به دیدن داشته‌های دیگران و نداشته‌های خودمان. انتظار داریم همه‌چیز با هم در یک جا جمع باشد تا ما شاد باشیم. اگر بدانیم از هر ۳ نفر در دنیا ۱ نفر سوءتغذیه دارد آیا باز هم خواهیم گفت دنیا منصف نیست؟ کسانی که چنین تصوری دارند آیا حاضرند یک سوم از درآمد ماهیانه خودرا به دیگران بدهند تا دنیا برای آنان نیز زیبا باشد؟

شرایط بیرونی طبق خواسته ما باشه

چند سال پیش برای تعطیلات به شمال کشور مسافرت کردیم. مسلماً انتظار داشتیم بتوانیم در دریا شنا کنیم. اصلاً برای همین شمال را انتخاب کردیم. اما متأسفانه دقیقاً همان‌روزی که رسیدیم، دریا طوفانی شد و حتی امکان نشستن کنار ساحل هم نبود. همه ناراحت و عصبانی بودیم. آن زمان در زمینه کنترل خشم هیچ مطالعه‌ای نداشتم. به همین دلیل از آن مسافرت هیچ خاطره زیبایی ندارم. حالا که فکر می کنم می‌بینم در همان هوای بارانی هم امکان لذت‌بردن از طبیعت وجود داشت. می‌توانستیم به روستاهای بکر برویم و از طبیعت بی‌نظیر آنها استفاده کنیم. به جاده‌های جنگلی و وسط ابرها برویم. حداقل کاری که می‌توانسنیم انجام دهیم این بود که در ایوان بنشینیم و چای بخوریم و از لطافت هوا لذت ببریم.

ترافیک، باران، گرما و سرما، چیزهایی هستند که نمی‌توانیم انتظار داشته باشیم نباشند. فقط باید برایشان برنامه‌ریزی کرد.

اینکه باران نیاید تا ما بتوانیم به گردش برویم یا مردم نان نخرند تا ما در صف معطل نشویم، عملاً غیرممکن است. چون ما تقریباً هیچ کنترلی روی شرایط بیرونی نخواهیم داشت. پس بهتر است کاملاً منطقی این موضوع را بپذیریم و دیگر توقع بی‌جا نداشته باشیم.

فصل هفتم: مدیریت خشم براساس خودآگاهی

پایدار بودن ثبات در زندگی

کودکی، تحصیل، کنکور، ازدواج، پیدا کردن شغل مناسب، بچه‌دار شدن یا بزرگ کردن بچه. همان‌طور که می‌بینید تمامی مراحل زندگی پر از چالش و بی‌ثباتی است. هر مرحله از زندگی هم که به ثبات برسد و بگذرد، مرحله بعد شروع می‌شود. پس اینکه انتظار داشته باشیم همه‌چیز با هم خوب باشد، توقع نادرستی است.

کافی است به چند سال پیش خود فکر کنید. احتمالاً آن زمان می‌گفتید اگر بتوانم شغل مناسبی پیدا کنم، خیلی خوب است. چون در آن صورت می‌توانم ازدواج کنم. آن وقت همه‌چیز خوب و عالی خواهد شد. شغل مناسب پیدا کردید و چالش ازدواج پیش آمد. گفتید اگر بتوانم همسر مناسبی بیابم خیلی خوب می‌شود. دیگر بعد از آن می‌توانم راحت و آسوده زندگی کنم. شغل خوب و همسر عالی. دیگر چه می‌خواهم؟ همسر خوب هم پیدا کردید و چند وقتی آسوده بودید اما حوصله‌تان سر رفت و هوس بچه کردید و تازه شروع یک سری چالش تمام نشدنی را رقم زدید.

یعنی خودتان با تصمیم‌هایی که می‌گیرید برای خودتان چالش درست می‌کنید. البته هیچ ایرادی ندارد و اصل زندگی همین است. در غیر این صورت دیگر رشدی نخواهیم داشت. برای هیچ چیزی نباید تلاش کنیم و زندگی کسل‌کننده خواهد شد.

ولی لطفاً حالا که متوجه شدید زندگی همین است، دیگر به دنبال ثبات در زندگی نباشید و بی‌خودی عصبانی نشوید. این را قبول دارم که پشت سر گذاشتن همین چالش‌ها بسیاری از اوقات انسان را خسته می‌کند. حق هم دارید. ولی با خلق خوش و امید، مطمئناً نتیجه بهتری خواهید گرفت.

تمام موضوعاتی که ذکر شد، نمونه‌هایی از انتظارات و توقع‌های ما بود.

بعضی از این توقعات به قدری در وجودمان رخنه کرده‌اند که به راحتی نمی‌توانیم کنارشان بگذاریم. تعدادی دیگر، خیلی پنهان هستند و مدت‌ها باید در رفتار و احساسات خود دقت کنیم تا ببینیم آیا در ما وجود دارند یا نه؟

و بالاخره ممکن است در مورد بعضی از توقعات نتوانید خودتان را راضی کنید که بی‌جا هستند. به این نتیجه برسید که حق با شماست و توقع به‌جایی دارید. باشد! حرف شما قبول! اما به این فکر کنید حتی در این شرایط چگونه ذهن شما آرام‌تر است؟ اینکه انتظار درستی داشته باشید و از برآورده نشدنش عصبانی، یا اینکه گذشت کنید و توقع خود را نادیده بگیرید؟ زندگی شما کاملاً به دست خودتان است. می‌توانید انتخاب کنید متوقع باشید یا نه؟

آشنایی با حقوق انسانی

در نشان‌دادن واکنش‌هایمان اصول زیر باید رعایت شود. در غیر این صورت واکنش ما انسانی نیست.

من حق دارم به عنوان انسانی برابر با دیگران، مورد احترام قرار بگیرم

در مقابل، من وظیفه دارم به عنوان انسانی برابر به همه احترام بگذارم.

بر اساس این اصل، ما اجازه توهین به هیچ‌کس را نخواهیم داشت. حتی اگر آن شخص زشت‌ترین و وحشتناک‌ترین کار را انجام داده باشد، محاکمه و مجازات باید با رعایت این اصل انجام شود.

من حق دارم نیازهایم را در اولویت بگذارم؛ (بدون ایجاد مزاحمت برای دیگران)

در مقابل، من وظیفه دارم اجازه دهم دیگران هم نیازهایشان را بدون ایجاد زحمت برای من در اولویت خودشان بگذارند.

مثلاً من هرچقدر هم که گرسنه باشم نمی‌توانم بدون نوبت داخل صف شوم و نان بگیرم.

من حق دارم احساسات، افکار و عقاید خودم را داشته باشم و ابراز کنم؛ (بدون ایجاد مزاحمت برای دیگران)

در مقابل، من وظیفه دارم اجازه بدهم دیگران هم احساسات، افکار و عقاید خود را ابراز کنند (بدون ایجاد مزاحمت برای من).

من حق دارم تجربه کنم. البته باید مسولیت‌هایش را هم بپذیرم؛ (بدون ایجاد مزاحمت برای دیگران)

در مقابل، من وظیفه دارم بگذارم دیگران هم تجربه کنند و مسئولیت آن با خودشان باشد. (بدون ایجاد زحمت برای من)

مثلاً وقتی ازدواج کرده‌ایم نمی‌توانیم همسر خود را به دلیل مسافرت با دوستان و کسب تجربه‌های جدید ترک کنیم. یا نمی‌توانیم به راحتی شغل خود را رها کنیم. زیرا در مقابل خانواده خود مسئولیت داریم. خیلی وقت‌ها

ما اجازه تجربه‌کردن به دیگران نمی‌دهیم و وقتی علت را از ما می‌پرسند، می‌گوییم: "من برای خودش می‌گم". در حالی‌که اجازه چنین کاری نداریم.

من حق دارم انتخاب‌هایم را بدون توضیح به دیگران داشته باشم؛ (بدون ایجاد مزاحمت برای دیگران)

در مقابل، من وظیفه دارم اجازه بدهم دیگران نیز انتخاب‌هایشان را داشته باشند. (بدون ایجاد مزاحمت برای من)

در مورد این اصل اگر انتخاب ما، زندگی برخی را تحت تأثیر قرار می‌دهد، باید حتماً قبل از اقدام، نظر آنان را هم جلب کنیم. مثلاً در زندگی مشترک نمی‌توانیم به تنهایی تصمیم بگیریم محل زندگی خود را تغییر دهیم یا شغل خود را عوض کنیم؛ به صورتی که درآمد ما را کمتر کند. چون این درآمد در زندگی خرج می‌شود که همسر ما نیز ذی‌نفع است. البته لزومی هم ندارد به کسی غیر از شریک زندگی خود توضیح دهیم.

من حق دارم بدون نیاز به تأیید دیگران، خودم باشم.

در مقابل، من وظیفه دارم اجازه دهم دیگران نیز بدون نیاز به تایید من، خودشان باشند.

رعایت تمام این موارد در حرف راحت، ولی در عمل بسیار مشکل است. مگر اینکه مسیر عصبی آن به خوبی ساخته شده باشد.

خودآگاهی

"خودآگاهی" یعنی اینکه ما هر لحظه متوجه باشیم چه کاری انجام می‌دهیم و دلیل انجام آن کار چیست؟ شاید بپرسید چه ربطی به خشم دارد؟

خیلی وقت‌ها، رفتار دیگران ما را عصبانی می‌کند. در حالی که آن شخص خودش اصلاً نمی‌داند تأثیر رفتارش بر ما چگونه است. گاهی نیز، بدون اینکه بدانیم، رفتاری از خود نشان می‌دهیم که باعث عصبانیت بقیه می‌شود و وقتی رفتار تند آنان را می‌بینیم، ما هم عصبانی می‌شویم.

پس متوجه باشیم که عصبانیت یک رفتار کاملاً دو سویه است.

وقتی به خودآگاهی برسیم، هم خودمان سعی می‌کنیم کاری انجام ندهیم که دیگران را عصبانی کند و هم اگر شخصی رفتار نادرستی داشت، از خود بپرسیم آیا به رفتار خود، آگاه است؟

کسی که خودآگاهی ندارد، مانند کسی است که دهانش بوی سیر می‌دهد یا خرده غذا روی دندانش مانده و صحبت می‌کند. خودش متوجه نیست، ولی دیگران را آزار می‌دهد.

متأسفانه خودآگاهی نه در خانواده آموزش داده می‌شود و نه در مدارس. بنابراین بسیاری اصلاً نمی‌دانند چیست. از طرفی، دیدن رفتار دیگران و قضاوت در مورد آن بسیار راحت‌تر از دیدن رفتار خود است. اینکه بتوانیم تمام وقت به رفتار خودمان آگاه باشیم، کار نسبتاً سختی است. ولی به مرور که خودآگاهی ما بیشتر شود، رفتار ما هم بهتر می‌شود. روش‌های مختلفی برای بالا بردن خودآگاهی وجود دارد.

دقت به رفتار دیگران

زمانی که به رفتار دیگران دقیق شویم، خودآگاهی ما بالا می‌رود. در این روش، باید به جای قضاوت، رفتار آنان را آنالیز کنیم. مثلاً کسی که برای سوارشدن به مترو دیگران را هل می‌دهد، به نظرتان چقدر احتمال دارد قصد عصبانی‌کردن آنان را داشته باشد؟ با اطمینان به شما می‌گویم فقط به این دلیل هل می‌دهد که می‌خواهد جایی برای سوارشدن به او برسد. اما رفتارش ما را اذیت می‌کند. وقتی به رفتار او دقت کنیم، می‌توانیم امیدوار باشیم که خودمان از هل‌دهندگان نباشیم.

پرسیدن از اطرافیان

می‌توانیم از دیگران بپرسیم کدام رفتار ما موجب رنجش و عصبانیت آنان می‌شود؟ البته این کار احتیاج به شجاعت و جنبه بسیار دارد، تا از اظهار نظر آنان عصبانی نشویم و درصدد توجیه برنیاییم.

ثبت رفتارهای خودمان

می‌توانیم به مدت چند روز تمام کارهای خودمان را یادداشت کنیم. مثلاً اگر همسر ما از اینکه وقت زیادی به موبایل اختصاص می‌دهیم عصبانی است، می‌توانیم رفتارمان را برای چند روز یادداشت کنیم، تا متوجه شویم واقعاً چند ساعت در روز با موبایل سرگرم می‌شویم؟

یادگیری از طریق شرکت در کلاس‌های مناسب

در بعضی کلاس‌ها و مراکز آموزشی دوره‌هایی آموزش داده می‌شود که با تمرین‌های مختلف خودآگاهی را بالا می‌برند.

پرسیدن سوال

بعضی سوال‌ها برای ایجاد خودآگاهی تأثیر دارند. سوال‌هایی که ما را به موقعیت و رفتار خودآگاه می‌کنند. مانند:

- ◆ اگر جای او بودم چه می‌کردم؟
- ◆ اگر جای من بود چه می‌کرد؟

فصل هشتم
مدیریت خشم براساس انتخاب رفتار

نُه گام برای مدیریت خشم

بسیاری از اوقات، مقداری درک از شرایط و محیط اطراف و دیگران، در شدت احساس خشم ایجاد شده و نحوه بروز خشم ما، مؤثر خواهد بود. البته همان‌طور که قبلاً هم گفتم، مهارت اداره خشم به تلاش و تکرار زیادی احتیاج دارد. هرچقدر تعداد دفعات و شدت عصبانی‌شدن ما در طول روز بیشتر باشد، باید تلاش بیشتری داشته باشیم.

خودآگاهی یعنی اینکه مدام به حالات و تصمیمات و عکس‌العمل‌های خود، "آگاهی" داشته باشیم. ببینیم آیا کاری که می‌خواهیم انجام دهیم درست است؟

تصمیمی که گرفته‌ایم احتیاج به بازنگری مجدد ندارد؟

دقیقاً برای چه چیزی داریم عصبانی می‌شویم؟

برای اینکه بتوانیم مهارت خودآگاهی را در خودمان تقویت کنیم، لازم است از گرفتن تصمیم‌های ناگهانی پرهیز کنیم و تصمیمی را که گرفته‌ایم، زود و بدون فکر اجرایی نکنیم.

جالب است بدانید طی کردن مسیر احساس خشم به عصبانیت و نشان دادن عکس‌العمل شدید، کمتر از یک ثانیه طول می‌کشد و شما باید در همین زمان مداخله کنید. چون همان‌طور که گفتم، هدف این کتاب این است که شما بعد از اتمام این کتاب و انجام تمرینات آن، به فردی تبدیل شوید که کمتر عصبانی می‌شود.

بسیاری از اوقات ابراز عصبانیت، حال چه با شدت و چه متناسب با خشم، به‌طور موقت خشم ما را تخلیه می‌کند و آرام‌تر می‌شویم. اما در طولانی مدت اوضاع را وخیم‌تر می‌کند. به همین دلیل ۹ گام بروز احساس خشم را به صورت ۹ گام مدیریتی برای شما مشخص کرده‌ام.

از شما تقاضا می‌کنم در همان گام‌های اولیه سعی کنید به خودآگاهی لازم برسید. چون کنترل احساسات و واکنش‌هایمان، به مراتب راحت‌تر است. فقط کافی است متوجه شوید که دارید عصبانی می‌شوید و سؤال‌هایی که لازم است را از خودتان بپرسید.

تمام هدف این بخش از کتاب این است که با سؤال‌های درستی که در زمان مناسب از خودمان می‌پرسیم، از ایجاد حس خشم جلوگیری کنیم. زیرا بهترین روش اداره خشم، این است که کاری کنیم که بی‌دلیل عصبانی نشویم.

ایجادشدن حس خشم، در بسیاری از مواقع خارج از کنترل ماست. ولی عصبانی‌شدن، انتخاب ماست.

با استفاده از گام‌ها، کم‌کم متوجه معجزه این روش خواهید شد. لطفاً دقیقاً طبق ترتیب گام‌ها، سؤال‌ها را از خودتان بپرسید. چون با مطالعه تنها، تغییرات صورت نمی‌گیرد. فقط امیدوار باشید. تکرار کنید و تمرین.

فصل هشتم: مدیریت خشم براسا انتخاب رفتار

گام یک: به خواسته و نیاز خودم نرسیده ام

اولین مرحله از مدیریت این است که متوجه باشیم همان‌طور که ما خواسته‌هایی داریم، دیگران هم حتماً خواسته‌های خود را دارند. گاهی خواسته‌های ما، با خواسته دیگران در تضاد قرار دارد.

پدری که خسته از کار روزانه به منزل می‌آید، به استراحت احتیاج دارد. درصورتی که فرزند ۴ ساله، پر از انرژی است و تمام وقت می‌خواهد بازی و جست‌وخیز کند.

سوالی که در این مرحله باید از خودمان بپرسیم این است:

آیا چیزی که من در حال حاضر می‌خواهم را، دیگران هم باید بخواهند؟ آیا نیازهای آنان، همان نیازهای من است؟

وقتی این سوال را مطرح کردید، سعی کنید نیازهای طرف مقابل خود، یا جمع حاضر را درک کنید. مطمئن باشید با کمی تفکر می‌توانید راهی پیدا کنید که نیاز هر دو طرف برآورده شود یا حداقل وقتی شما ببینید طرف مقابل هم نیازهایی دارد، بیشتر مراعات خواهید کرد و کمتر عصبانی خواهید شد.

گام دو: حال و احساس بدی دارم

بسیاری از مواقع حال ما به دلایلی بد است. در این شرایط، کوچکترین محرکی، موجب عصبانیت ما خواهد شد. در صورتی که در واقع دنیا دارد روال عادی خود را طی می‌کند.

تصور کنید به میهمانی دعوت شده‌اید و عجله دارید. در آخرین لحظاتی که می‌خواهید سوار ماشین شوید، فرزند کوچک شما جایش را خیس می‌کند و حتماً

احتیاج به تعویض دارد. در این شرایط، اگر ما متوجه طبیعی بودن اتفاق نباشیم، عصبانی می‌شویم.

سوال درست: آیا اگر همین اتفاق زمان دیگری می‌افتاد، باز هم عصبانی می‌شدم؟

اگر جوابتان منفی است، لطفاً فکر کنید و ببینید آیا درست است به دلیل اتفاقات عادی عصبانی شد؟

گام سه: به حریم و حدود من تجاوز شده

حریم و حق من، نه با تصوراتم بلکه با توجه به اصول و قوانین انسانی تعیین می‌شود. بعضی اوقات حریم مشخصی نمی‌توانیم برای خود در نظر بگیریم. تصور کنید در میهمانی حضور دارید و ناگهان شخصی که از او بیزار هستید از در وارد می‌شود. در این حالت محیط میهمانی، هم حریم شماست و هم آن فرد. با این حال ممکن است عصبانی شوید.

حتی بعضی افراد از دست صاحب‌خانه عصبانی می‌شوند که چرا فلانی را دعوت کرده است؟

نمونه دیگر این گام، هنگامی است که می‌خواهیم ماشین خود را پارک کنیم و شخص دیگری، بدون توجه به ما، ماشینش را در همان جا پارک می‌کند. در این شرایط احتمالاً او هم جای پارک را مال خودش می‌دانسته است.

سوال درست: آیا من در تشخیص حریم خودم اشتباه نکرده‌ام؟ حقی که طرف مقابل من برای خود قائل می‌شود چیست؟

گام چهار: شما علت گرفتاری‌های من هستید

سهم ما در بیشتر اتفاقاتی که برای ما می‌افتد، حتی بیشتر از ۹۰ درصد است. یعنی تصمیم‌هایی که قبلاً گرفته‌ایم، در اتفاقی که الآن برای ما رخ می‌دهد تأثیرگزار است. ازدواجی بدون تحقیق و بررسی انجام می‌دهیم و بعداً اعتیاد همسر را عامل بدبختی خود می‌دانیم و از وی عصبانی می‌شویم. این نوع تفکر، سلب مسئولیت از خود است و اخلاقی نیست.

سوال درست: آیا من در بوجود آمدن شرایط حال حاضر هیچ نقشی نداشته‌ام؟ آیا درست است بخاطر اتفاقی که خودم هم در بوجود آمدنش نقش داشته‌ام، از طرف مقابلم عصبانی باشم؟

گام پنج: تو نباید این کار اشتباه را انجام می‌دادی

توجه کنیم هیچ انسانی با هر درجه از خوبی و انسانیت، نمی‌تواند ادعا کند که تابحال هیچ کار خطایی انجام نداده. «تو نباید خطا می‌کردی»، واقع‌بینانه نیست. گاهی کسانی را می‌بینم که ده‌ها قاعده رانندگی را می‌شکنند تا فردی را که فقط یک قاعده رانندگی را زیر پا گذاشته ادب کنند.

سوال درست: آیا من تا به حال اشتباه نکرده‌ام؟

گام شش: رفتار شما مغایر با خواسته من نبوده، بلکه اشتباه و نادرست است

اگر دقت کنید، می‌بینید آن قسمت از رفتار مردم که موجب خشم ما می‌شود، در اکثر مواقع غلط نیست. فقط متفاوت از خواسته ماست. تازه اگر هم اشتباه باشد، باید در نظر بگیریم آیا آن شخص از نظر عقلی سالم است؟ آیا می‌داند هر کاری را چگونه باید درست انجام دهد؟

پدری را می‌شناسم که از فرزند جوانش خواست ماشین را جابجا کند. بعد از اینکه دید فرزندش در حین جابجایی، آینه‌های ماشین را براساس قد خودش تنظیم کرده، عصبانی شد و چنان با حرص آینه‌ها را از بیرون ماشین تنظیم کرد که آینه شکست. بعد از آن را دیگر احتمالاً خودتان می‌توانید حدس بزنید.

سوال درست: آیا کاری که موجب ناراحتی من شده واقعاً اشتباه است یا فقط من آن را نمی‌پسندم؟

گام هفت: تو کار بدی انجام دادی... پس آدم بدی هستی

در بسیاری از موضوعات، وقتی کار اشتباهی از دیگران سر بزند، برچسب بد به آنان می‌زنیم. یعنی کسی را با چندین کار خوب و فقط یک کار اشتباه، بد می‌نامیم. وقتی کودک ما لج می‌کند و لیوان آب را پرت می‌کند، با تَشَر به او می‌گوییم: امروز خیلی بچه بدی شدی‌ها.

این رفتار اصلاً مهربانانه نیست و باعث آزردگی خاطر می‌شود. خیلی وقت‌ها ما با خودمان هم همین رفتار را داریم. اجازه اشتباه به خود نمی‌دهیم و بعد از خطا کردن، با انواع و اقسام جملات تحقیرکننده در ذهن‌مان با خودمان حرف می‌زنیم.

فصل هشتم: مدیریت خشم براسا انتخاب رفتار

سوال درست: آیا ما خودمان هیچ‌وقت اشتباه نکرده ایم؟ آیا ممکن است کسی در طول زندگی هیچ اشتباهی نکند؟ آیا اگر کار اشتباهی انجام دادیم، دوست داریم دیگران بگویند آدم بدی هم هستیم؟

گام هشت: تو آدم بدی هستی...پس باید مجازات شوی

بعد از سر زدن عمل اشتباه، ما خودمان، هم دادگاه می‌شویم و هم قاضی و دادستان و وکیل و... نه اجازه دفاع به طرف مقابل می‌دهیم و نه درباره درست یا اشتباه بودن قضاوت خودمان زحمت تحقیق می‌کشیم. گاهی تا حدی پیش می‌رویم که مجازات را مساوی با اجرای عدالت می‌دانیم.

مردی که با توهم خیانت همسر، به محض رسیدن به خانه او را زیر مشت و لگد می‌گیرد، نمونه بارزی برای این مساله است.

سوال درست: آیا قضاوت من درست است؟ آیا به طرف مقابلم حق دفاع از خود را داده‌ام؟ چه کسی مرا مسئول اجرای عدالت کرده است؟

گام نه: من شما را آنگونه که بخواهم مجازات می‌کنم

متاسفانه تعدادی از پدران و مادران، بعد از انجام کار اشتباه فرزندشان، تنبیه را تنها راه تربیت او می‌دانند. اصلاً فکر نمی‌کنند آیا تنبیه بهترین روش تربیت است؟ در مورد این موضوع هزاران صفحه می‌شود نوشت اما این مقال فرصت پرداختن به آن نیست. ای کاش زوج‌های جوان، قبل از داشتن فرزند، نحوه رفتار با او را یاد بگیرند. همان‌طور که قبل از استفاده از ماشین ظرفشویی، کاتالوگ آن را می‌خوانند.

احتمالاً همه ما حداقل یک‌بار دعوای خیابانی بعد از تصادف را دیده‌ایم. در این

شرایط، احتمالاً یکی از طرفین دعوا، فکر کرده مجازاتی که پلیس برای طرف مقابل در نظر خواهد گرفت، درست و کافی نیست و من باید همان طور که خودم درست می‌دانم او را به سزای عملش برسانم.

سوال درست : آیا تنبیه بهترین روش تربیت است؟ چه کسی حق تعیین نوع تنبیه دیگران را به من داده؟

انتخاب مسیر رفتار در هنگام خشم

هنگامی که عصبانی هستیم برای بروز رفتار، از ۲ مسیر می‌توانیم برویم.

مسیر اول (قضاوت کننده)

در جایگاه قاضی باشیم و به دنبال مقصر بگردیم.

در این روش سؤالاتی که به ذهن ما خطور می‌کند از این قبیل است:

«تقصیر کی بود؟»، «کی این کار رو کرد؟»، «چرا این کار رو کردی؟»، «چرا اونها این طوری هستن؟»

در این روش یا مقصر را پیدا می‌کنیم و یا در جواب "چرا"، "توجیه" می‌شنویم که قانع کننده نیست و بیشتر ما را عصبانی می‌کند. در حقیقت این گونه سؤالات، حالت بازخواست دارد.

ایراد این روش این است که پیدا کردن مقصر، هیچ کمکی به بهبود روابط نمی‌کند. فقط آبروی او را می‌برد. در صورتی که متنبه نمی‌شود و امکان تکرار این اشتباه باز هم وجود دارد. چون هیچ فکری برای حل مشکل صورت نگرفت. در این روش نگاه

بردوباخت به رابطه داریم حتی اگر یک سر این رابطه همسر ما باشد.

مسیر دوم (یادگیرنده)

در این روش نوع سؤالات متفاوت است و بر اساس رابطه برد _ برد طرح می‌شود. مانند:

«چی شد؟»، «من چی می‌خوام؟»، «از این اتفاق چی یاد می گیرم؟»، «چی فکر می کنه؟»، «چی می خواد؟»، «من چه کاری می‌تونم بکنم؟»، «من مسول چه چیزی هستم؟».

با مثالی، دو مسیر قبلی را برایتان توضیح می‌دهم: فرض کنید کارمند شما دیر سرکارش حاضر شده است.

در روش اول احتمالاً از او می‌پرسیم چرا دیر آمدی؟ (سؤال بازخواستی) او هم در جواب انواع و اقسام دلایل را می‌آورد. مانند ترافیک، پنچرشدن ماشین، گم‌شدن سوییچ یا گیر نیامدن تاکسی. می‌بینید که تمام جواب‌ها، حالت توجیه دارد. چون همه ما می‌دانیم اگر کسی بخواهد کاری را درست سروقت انجام دهد، باید تمام احتمالات را برای زمان‌بندی در نظر بگیرد و این جواب‌ها، احتمالاً شما را بیشتر عصبانی خواهد کرد.

در این روش، شما که مدیر هستید برنده و کارمند شما که دیر آمده بازنده است. چون مرتکب خطا شده. نتیجه در بهترین حالت، گذشت از طرف شماست که باز هم برای کارمند حالت منت گذاشتن دارد و برای هیچ یک از شما خوشایند نخواهد بود.

حالا مسیر دوم را امتحان می‌کنیم.

سؤالی که می‌توانید بپرسید این است: «چه کار کنیم که از این به بعد به موقع سرکار حاضر شوی؟»

در جواب به این سوال، او خود را ملزم می‌کند تا احتمالات دیر رسیدن را در نظر بگیرد و بر اساس آن، آمدن خود را زمان‌بندی کند. در این روش دیگر کسی محکوم نخواهد شد. هیچکدام هم احساس بدی نخواهید داشت. رابطه هم به صورت برد ـ برد بهبود خواهد یافت. مضاف بر اینکه احتمال تکرار این اشتباه کم می‌شود.

البته مغز به صورت پیش فرض ما را به سمت مسیر قضاوت کننده سوق می‌دهد. این ما هستیم که باید به صورت مداوم مسیر رفتارمان را از قضاوت کننده به یادگیرنده سوییچ کنیم. کار مشکلی است که احتیاج به تمرین دارد. ولی وقتی به صورت عادت درآید، بسیاری از مشکلاتی که مدام تکرار می‌شوند را حل می‌کند.

فصل نهم
تکنیک‌هایی برای کاهش خشم

فصل نهم: تکنیک‌هایی برای کاهش خشم

فعالیت‌های کمک کننده به مدیریت خشم

فعالیت بدنی

یکی از بهترین کارها در هنگام بروز خشم، پاسخ دادن به واکنش‌های بدن است. همان‌طور که قبلاً گفتم، علائم بدنی در هنگام خشم به صورت زیر است:

افزایش ضربان قلب، افزایش تنفس، افزایش آدرنالین، انقباض عضلات، توقف کار سیستم گوارش، لحن تند، کاهش دسترسی به حافظه.

با این تغییرات در واقع بدن آماده فعالیت است. پس بهترین کار این است که شروع به فعالیت کنیم. مانند دویدن، طناب‌زدن، بالا و پایین رفتن سریع از پله یا بارفیکس زدن.

این کار باعث می‌شود انرژی که در نتیجه خشم در بدن بوجود آمده تخلیه شود. علائم بدنی زودتر از بین برود و بدن به سکون و آرامش برسد. ممکن است انجام این کارها در ابتدا یادمان نماند. اما کم‌کم مسیر عصبی آن ساخته می‌شود.

تغییر رویه تنفس

در هنگام عصبانیت به صورت کوتاه و تندتند تنفس می‌کنیم. بنابراین اگر بتوانیم الگوی تنفس خود را تغییر دهیم می‌توانیم حالت خلقی خود را نیز تغییر دهیم. برای این کار بر اساس روش ۴۶۷ نفس می‌کشیم.

۴ شماره دم؛

۶ شماره نگه می‌داریم؛

۷ شماره بازدم.

وقتی به آرامی نفس می‌کشیم، منطقه مربوط به آرامش در مغز فعال شده و باعث آرام شدن ما می‌شود.

درگیر کردن حواس ۵ گانه

اگر بتوانیم به طور همزمان حواس ۵ گانه خود را درگیر کنیم، راحت‌تر می‌توانیم حواس خود را از موضوع خشم پرت کرده و بر آن غلبه کنیم. برای این کار می‌توان از یک تکنیک NLP با نام "آنکور" استفاده کرد.

به این صورت، هنگامی که حال عادی دارید، محل آرامی را انتخاب کنید. هیچ وسیله مزاحمی مانند موبایل یا تلویزیون کنارتان نباشد. در وضعیت بدنی راحتی قرار بگیرید. چشم‌ها را بسته و چند نفس عمیق بکشید. خاطره خوبی را به یاد آورید. این خاطره خوب الزاماً بهترین خاطره شما نیست.

سعی کنید این خاطره را به صورت کاملاً شفاف و واضح به یاد آورید. صداها، رنگ‌ها، بوها، اشخاص، وسیله‌ها، اندازه‌ها. سعی کنید با تمام وجود حس خوب

آن خاطره را دوباره تجربه کنید. اجازه دهید شادی ناشی از آن حس در کل بدن شما گسترش پیدا کند. در این لحظه دست چپ یا راست خود را مشت کنید و فشار دهید. با فشار مشت، شادی ایجاد شده از خاطره خوبتان را کاملاً حس کرده و حتی اگر می‌توانید لبخندی بزنید.

بعد از این کار مشت خود را آهسته باز کرده، چشمان خود را نیز آهسته باز کنید. هم‌زمانی حس شادی و فشار مشت، باعث می‌شود از آن به بعد، هر زمان که دست خود را فشار دهید، همان شادی را حس کنید. از این تکنیک می‌توانید هنگامی که خشمگین هستید و به حال خوب احتیاج دارید استفاده کنید.

اتاق تخلیه خشم

در بعضی از کشورها، اتاق‌هایی با نام اتاق تخلیه خشم وجود دارد. افرادی که در وجودشان احساس خشم دارند، وارد این اتاق‌ها شده و به روش‌های مختلف خشم خود را بروز می‌دهند. مانند شکستن ظروف چینی، مشت زدن به بالشت یا داد و فریاد و فحاشی.

بر اساس مطالبی که در مورد مسیر عصبی دانستیم، این اتاق‌ها نه تنها کمکی به کاهش حس خشم نمی‌کنند، بلکه مسیر عصبی آنرا قوی‌تر کرده و بروز خشم به روش نامناسب را موجب می‌شوند. پس عاقلانه‌ترین کار مدیریت خشم است.

تکنیک‌های کاهش خشم

از کشتی گرفتن با خوک اجتناب کنید.

به دو دلیل:

- خوک خوشش می‌آید
- شما کثیف می‌شوید

بعضی از افراد، با آگاهی از حساسیت‌های ما، ممکن است حرف‌هایی بزنند که عمداً ما را عصبانی کنند. بعد از آن کناری نشسته و به حال بد ما بخندند. می‌دانم این کار اصلاً انسانی نیست ولی متأسفانه انجام می‌شود.

احتمالاً دیده‌اید کسانی را که از چیز خاصی بدشان می‌آید و حتی اگر اسمش را هم بشنوند، عصبانی می‌شوند. متأسفانه گاهی چند نفر بی‌کار دور هم جمع می‌شوند و با گفتن همان کلمه، شخص را عصبانی می‌کنند و بعد به ریشش می‌خندند.

یا کسانی که نسبت به مسئله‌ای خاص، تعصب شدید دارند. مثلاً تیم مورد علاقه یا محل تولدشان. گاهی دیده‌ام کسانی که انگار حوصله‌شان سر رفته، شروع می‌کنند به سربه‌سر گذاشتن و بحث کردن با آن فرد. او هم از همه‌جا بی‌خبر، در این کَل‌کَل ساختگی، بعد از طرفداری فراوان، رگ گردنش باد می‌کند و عصبانی می‌شود. غافل از اینکه در تمام این مدت عروسک خیمه شب‌بازی یک عده بی‌کار بوده تا برای لحظاتی آنان را سرگرم کند.

برای بعضی هم این کار، راهی برای تلافی خشم پنهانی است که از طرف مقابل دارند. سالها پیش ارتباط دوستانه‌ای با دو باجناق داشتیم. یکی از آنها اوضاع مالی

فصل نهم: تکنیک‌هایی برای کاهش خشم

بهتری نسبت به دیگری داشت. هر زمانی که دور هم جمع می‌شدیم، آنکه که اوضاع مالی خوبی نداشت، شروع می‌کرد به صحبت کردن در مورد فواید خرمالو. چون باجناقش خرمالو دوست نداشت.

خلاصه بحثی که به ظاهر شوخی بیش نبود، تا جایی ادامه پیدا می‌کرد که میهمانی زودتر از موعد مقرر تمام می‌شد. کم‌کم کار به جایی رسید که دو خواهر تصمیم گرفتند رفت و آمدهای خانوادگی را کمتر کنند و بیشتر خودشان تنهایی همدیگر را ببینند.

شاید در ظاهر قصد آن شخص فقط شوخی و خنده بود. ولی شوخی تا جایی مجاز است که باعث ناراحتی طرف مقابل نشود. وقتی کسی عمداً می‌خواهد دیگری را عصبانی کند، حتماً علت چیز دیگری است. بعدها که شروع کردم به مطالعه در مورد خشم و بیشتر در رفتار آن‌ها دقت کردم متوجه شدم باجناق کم درآمد به دیگری حسادت می‌کند. یکی از علت‌های خشم نیز حسادت است و فشردن دکمه خشم دیگران، راهی است برای کاهش خشم خود ما.

در حقیقت ناخودآگاه ما می‌گوید حالا که من از دست تو عصبانی هستم، تو هم از من عصبانی باش تا دل من خنک شود. حالا این ما هستیم که می‌توانیم اجازه بدهیم دل طرف مقابلمان خنک شود یا نه!

برای همین مثال کشتی با خوک را زدم. ما هستیم که اجازه می‌دهیم خوکی که با ما کشتی می‌گیرد خوشحال شود. البته حواستان باشد اگر حس کردید کسی چنین قصدی دارد یک وقت به او نگویید: «تو یک خوک کثیف هستی و من با تو کشتی نمی‌گیرم» لطفا این مثال فقط در ذهنتان باشد.

تکنیک عروسک

انسانها در هر دوره از زندگی، دغدغه خاصی دارند. در ۵ سالگی، عروسکی زیبا مهم‌ترین وسیله زندگی آنان است. در ۱۰ سالگی، به گریه‌هایی که برای عروسک کردند می‌خندند و دغدغه آنان می‌شود مشکلات مدرسه. ۲۰ ساله که شدند، به حرص‌هایی که بابت مشکلات مدرسه خورده‌اند می‌خندند و فکرشان مشغول جلب توجه همکلاسی‌ها و ماجراهای عاشقانه می‌شود.

این تغییرات، با افزایش سن ادامه می‌یابد و در ۳۰ سالگی نگران پیدا کردن شغل مناسب و ازدواج است. به این ترتیب همیشه به دغدغه‌های چند سال پیش خودمان می‌خندیم. در حقیقت می‌فهمیم آن مسئله آنقدرها هم که فکر می‌کرده‌ایم اهمیت نداشته است.

حالا فکر کنید بخاطر یکی از همین دغدغه‌ها، اوقات خودمان یا دیگران را تلخ کرده باشیم و بعد از چند سال به این نتیجه برسیم که اصلاً ارزش نداشته. احتمالاً همیشه از یادآوری آن خاطره، ناراحت خواهیم شد.

برای مثال، به دلیل دیر رسیدن به عروسی یکی از دوستان، در طول مسیر با همسر و فرزندان خود دعوا می‌کنیم. ولی بعد از گذشت چند سال، این مسئله چه اهمیتی دارد؟

یا نمره پایین فرزندمان بعد از چند سال، چه قدر در سرنوشت او تأثیر داشته که او را توبیخ و تحقیر کرده‌ایم؟

توجه به تأثیر یک اتفاق در سال‌های آینده، مطمئناً از اهمیت آن کم خواهد کرد. لطفاً سعی کنید زیاد از این تکنیک استفاده کنید.

تکنیک سیبل

حتماً سیبل‌هایی که برای تیراندازی قرار می‌دهند دیده‌اید. کسانی که تیراندازی می‌کنند، در صورتی که نگاهشان را از روی سیبل به نقطه دیگری متمرکز کنند، حتماً اشتباه خواهند کرد و تیرشان به هدف نخواهد خورد. این هدف، در بسیاری از زندگی‌های ما فراموش شده. برای فرزندمان اسباب‌بازی می‌خریم تا خوشحال شود. اسباب‌بازی را که خراب می‌کند، دعوایش می‌کنیم و یادمان می‌رود می‌خواستیم خوشحالش کنیم. یا تصمیم می‌گیریم با همسر و فرزندمان به پارک برویم تا لحظات شادی داشته باشیم. هنگامی‌که فرزندمان در پارک زمین می‌خورد، اول او را دعوا می‌کنیم که چرا به حرف گوش نداده و شیطنت کرده و بعد با همسرمان بدرفتاری می‌کنیم که چرا حواسش به بچه نبوده. تصور کنید دیگر اوقات خوشی برایشان می‌ماند؟

خیلی وقتها، به قدری در کارهای روزمره غرق می‌شویم که هدف زندگی خود را گم می‌کنیم. شادی، آسایش خانواده، خوشبختی و حال خوب، احتمالاً هدف زندگی خیلی از ماست. این اهداف را مانند یک سیبل، همیشه جلوی روی خود داشته باشید. هنگامی که عصبانی شدید نگاهی به آن بیاندازید و ببینید آیا این عصبانیت در راستای هدف زندگی شماست؟

با ترازوی خشم مقدار رشد خود را تخمین بزنید

تصور کنید عروسک کودک ۳ ساله‌ای را برداشته‌اید و او عروسکش را از شما پس می‌گیرد. چقدر در شما حس رقابت ایجاد می‌کند؟ دوست دارید به هر قیمتی شده عروسک مال شما باشد؟ آیا برای پس گرفتنش پای بر زمین می‌کوبید و گریه می‌کنید؟

حالا اگر یک کودک دیگر همان عروسک را بردارد و از او پس گرفته شود چقدر حس رقابت دارد؟ بارها دیده‌ایم کودکان سر اسباب بازی گریه می‌کنند.

فکر نکنید وقتی بزرگ شویم این رفتارها تمام می‌شود. فقط نوع عکس‌العمل‌ها عوض می‌شود. در واقع، دیگر خجالت می‌کشیم به زور و با گریه جای پارک را از هم سن خودمان بگیریم و داد و بیداد و دعوا راه می‌اندازیم. در تمام موارد می‌توانیم از این طریق بفهمیم اندازه ما چقدر است و تا چه حد رشد کرده‌ایم.

با نگاه کردن به حد و اندازه کسی که با او مشکل داریم می‌توانیم تخمین بزنیم. وقتی با مسائل کم اهمیت خشمگین شویم، یعنی در همان حد رشد کرده‌ایم. با هرکس درگیر شویم، اندازه همان شخص هستیم. ببینید چه کسانی را رقیب خود می‌بینید؟ برای به دست آوردن چه چیزی ناراحت و عصبانی می‌شوید؟ وقتی به این صورت به مسائل نگاه کنیم، ناخودآگاه حس ما عوض می‌شود. در واقع جایگاه ما در بسیاری از مواقع بالاتر از جایی است که بر سر یکسری مسائل کم اهمیت و پیش پا افتاده خشمگین شویم.

مشکلات و دغدغه انسان‌ها به‌اندازه خودشان هستند.

فصل نهم: تکنیک‌هایی برای کاهش خشم

در هنگام خشم رعایت کنیم

با سیاست صحبت کنیم

یکی از بهترین کارهایی که در هنگام خشم می‌توانیم انجام دهیم این است که طوری صحبت کنیم که بعد از اینکه خشم ما فروکش کرد، به زحمت و سختی نیفتیم و یا از حرفی که زده‌ایم پشیمان نشویم.

بسیاری از ما در هنگام عصبانیت، چون می‌خواهیم حرص خود را خالی کنیم، تصمیم‌های اشتباهی می‌گیریم و سپس درباره آن‌ها خط و نشان‌های قطعی می‌کشیم. اما هنگام عمل به آن تصمیم‌ها، به سختی افتاده یا متوجه می‌شویم تصمیمی که گرفته‌ایم اشتباه بوده. به همین دلیل انجامش نمی‌دهیم. این کار بسیار اشتباه است. بخصوص اگر والدین در چنین موقعیتی قرار بگیرند. زیرا بچه‌ها کم کم به این نتیجه می‌رسند که اگر هنگام عصبانیت والدینشان آنان را نادیده بگیرند بهتر است و نسبت به حرفهایشان بی‌تفاوت خواهند شد. زیرا به آنها عمل نمی‌کنند.

بحث‌های حاشیه‌ای ممنوع

یکی از بدترین اشتباهاتی که در هنگام بروز خشم انجام می‌دهیم، پیش کشیدن دلخوری‌های گذشته است. این کار باعث می‌شود مشکل اصلی هیچگاه حل نشود. مسائل پیشین مانند شاخه‌های درخت، به مشکل اصلی اضافه می‌شوند و تمام هم نمی‌شوند، تا زمانی که دعوا شدید شده، یکی قهر کند و قائله خاتمه یابد.

هنگامی که بر سر موضوعی با هم اختلاف نظر داریم، بهترین کار این است که فقط همان مشکل را حل کنیم. به این ترتیب مشکلات حل نشده ما روز به روز کمتر

می‌شود. اگر طرف مقابل خواست بحث حاشیه‌ای پیش بکشد به او بگوییم: «شما درست می‌گویی. این مسئله هم خیلی مهم است. اما چند موضوع را با هم نمی‌توان حل کرد. اجازه بده ابتدا این مسئله را حل کنیم و سپس به آنها برسیم.»

البته این کار بسیار سخت است و ساختن مسیر عصبی آن طول خواهد کشید. به این دلیل که انسان‌ها معمولاً برای نشان دادن یک عکس‌العمل خاص، به صورت ناخودآگاه مسائل پیش آمده قبلی را هم مد نظر قرار می‌دهند.

سعی کنید مواردی از این قبیل را در گذشته خود بیابید و در ذهن خود آن‌را اصلاح کنید. ببینید از کجای بحث بدون پیش‌کشیدن مسائل گذشته منحرف شدید و آن بحث چگونه پایان یافت؟

تکنیک عوض کردن دنده

فکر کردن به مسائلی که در گذشته باعث خشم ما شده و تکرار آن در ذهن، مثل این است که آن اتفاق دوباره برای ما تکرار شده باشد. نه تنها مسیر خشم ما را قوی‌تر می‌کند، حال ما را نیز خراب می‌کند.

راه چاره درچنین مواقعی این است که حواس ما به چیز دیگری منحرف شود. مثلاً کسی ما را صدا کند. یا خودمان به آگاهی برسیم و عمداً، کاری را که دوست داریم انجام دهیم تا حواسمان از افکار ناخوشایند پرت شود. به اصطلاح «دنده ذهن را عوض کنیم.» با هر بار وقفه در این افکار، مسیر عصبی خشم ضعیف‌تر می‌شود.

رسیدن به خودآگاهی در این موضوع بسیار سخت است. زیرا این افکار هنگامی به مغز ما هجوم می‌آورند که مشغول انجام کاری هستیم و اصلاً متوجه درگیری ذهنی خود نیستیم. آگاهی مستمر به افکارمان می‌تواند بسیار کمک کننده باشد.

استفاده از آلارم

در ابتدا برای آگاهی بر افکار خود، می‌توانیم از آلارم استفاده کنیم. به این صورت که یک آلارم خاص در فواصل زمانی معین ما را متوجه افکارمان کند.

تکنیک کش

یک کش به مچ دست بیاندازیم و اگر نتوانستیم فکر خود را از موضوع منحرف کنیم، کش را بکشیم. دردی که بوجود می‌آید کم‌کم مغز را شرطی می‌کند و کمتر به سمت افکار منفی می‌رود.

راههایی برای کاهش احتمال خشم

شفاف‌سازی

متأسفانه فرهنگ ما پر از تعارف‌هایی است که بسیاری از آنها باعث بروز مشکلات بعدی می‌شود. مثلاً وقتی به کسی پولی قرض می‌دهیم، زمان بازگشت آن را دقیقاً مشخص نمی‌کنیم. به این دلیل که تصور می‌کنیم زشت است.

چیزی به کسی می‌فروشیم و با گفتن "قابل نداره" پول آن را دریافت نمی‌کنیم. در این حالت، خیلی از مواقع برای گرفتن پول خود با مشکلات بسیاری مواجه می‌شویم.

برای جلوگیری از به‌وجود آمدن این قبیل مشکلات، باید تعارف‌ها را کنار گذاشت و هنگام معامله یا قرار گذاشتن، کاملاً شفاف و واضح صحبت کرد.

شفاف‌سازی باید در موارد زیر صورت گیرد:

زمان: اگر قرار ملاقات با کسی می‌گذاریم ساعت و روز آن دقیقاً مشخص شود. صبح برای بعضی یعنی ساعت ۸ صبح و برای بعضی دیگر معنی ۱۱ صبح را می‌دهد. این وسط ۳ ساعت تفاوت وجود دارد که به راحتی می‌تواند منجر به منتظر ماندن یکی از طرفین و عصبانیت وی شود.

هنگامی که پولی به کسی قرض می‌دهیم، تاریخ دقیق بازگشت را مشخص کنیم. آخر هفته اصلاً واضح نیست. روز باید کاملاً مشخص باشد.

نحوه عملکرد: اگر در مورد انجام کاری با کسی صحبت می‌کنیم، حتماً جزئیات آن دقیقاً ذکر شود. اینکه آن کار کی و چطور انجام می‌شود چقدر زمان می‌برد و با چه کیفیتی انجام می‌شود؟

عواقب: عواقب عمل نکردن به گزینه‌های قرارداد کاملاً باید ذکر شود. مثلاً اگر پولی به کسی قرض می‌دهیم و چک می‌گیریم حتماً مشخص شود که در صورت عدم بازگشت پول، چه زمانی چک خرج می‌شود.

یا در صورت تأخیر کارمندان، چه عواقبی در انتظارشان است؟

قرارداد مکتوب: بستن قرارداد یکی از گزینه‌هایی است که حتماً باید انجام شود. برای گرفتن پول یا انجام کار یا هر موضوعی که ممکن است بعداً موجب اختلاف نظر شود. هم جلوی حافظه کاذب ما گرفته می‌شود و هم سوءاستفاده دیگران.

یادآوری و تأیید گرفتن: هنگام قرار گذاشتن با دیگران، حتماً آخر صحبتمان دوباره زمان قرار را با هم چک کنیم و از طرف مقابل تأیید بگیریم. مثلاً بگوییم: «پس قرار ما شد سه شنبه ساعت ۵ عصر. درسته؟»

فراموش نکنید راهروهای دادگاه پر از کسانی است که همدیگر را می‌شناخته و به هم اعتماد داشته‌اند.

بررسی اوضاع

موقعیت‌هایی را در گذشته به یاد آورید که عصبانی شده‌اید و عکس‌العمل نشان داده‌اید. ببینید آیا اوضاع بهتر شده؟ در واقع عصبانیت هیچگاه شرایط را بهتر نمی‌کند.

فکرهای آخر شب ممنوع

افکار آخر شب تا حدود زیادی غُلُو شده است. یعنی شدت آنها از چیزی که در واقعیت وجود دارد، بیشتر حس می‌شود. پس از تفکرات آخر شب دوری کنید. چون مسائلی که باعث ناراحتی شما می‌شود را در نظرتان بزرگتر و زشت‌تر جلوه می‌دهد و شما را عصبانی‌تر می‌کند.

الگوی آرام

همیشه یک الگوی خوب و آرام برای خود در نظر داشته باشید. به محض آنکه موضوعی باعث خشم شما شد، فکر کنید اگر او جای شما بود، چه عکس‌العملی از خودش نشان می‌داد؟

دامن نزدن به خشم

بعضی اوقات، تعدادی از ما به خشمی که در وجودمان ایجاد شده دامن می‌زنیم. مثلاً اتفاقی که افتاده را با آب و تاب برای کسی تعریف می‌کنیم که می‌دانیم از ما حمایت می‌کند و با ما هم عقیده است. از طرفی، خشم خود را به صورت عصبانی‌گری بروز می‌دهد و هیچ کنترلی روی خود ندارد. این مسئله آتش ما را تندتر می‌کند.

یا هنگامی که عصبانی هستیم به آهنگ اعصاب خردکنی گوش می‌دهیم که حال ما را بدتر می‌کند.

خودتان را جای اطرافیانتان بگذارید

گاهی لازم است دنیا را از زاویه دید دیگران ببینیم. خودمان را در شرایطی که آنان هستند تصور کنیم. سن آنها، دانش و آگاهی آنها، شرایط و موقعیت آنها، احساسات و عواطفشان و احتیاجات آنان. با در نظر گرفتن این مسائل، در بسیاری از مواقع، به طرف مقابل هم حق می‌دهیم. البته به شرطی که منصف باشیم.

گفتگوهای ذهنی خودتان را کنترل کنید

فکر کردن به اتفاقات گذشته که موجب خشم ما شده، باعث روشن ماندن شعله‌های آن می‌شود. به‌خصوص که در آن موقعیت‌ها، خشم خود را فروخورده باشیم.

ممکن است ساعت‌ها در ذهن خود جستجو کنیم تا کلماتی بیابیم و به صورت فرضی، جواب طرف مقابلمان را بدهیم تا خشم خود را خالی کنیم. همین مسئله باعث می‌شود آن اتفاق همیشه در ذهن ما تازه بماند و آزارمان بدهد.

در چنین شرایطی، بهتر است به‌طور خودآگاه، ذهن خودمان را به مسائل و

فصل نهم: تکنیک هایی برای کاهش خشم

موضوعاتی که موجب آرامش ما می‌شوند، منحرف کنیم؛ مانند خاطره یک مسافرت لذت‌بخش. یا خودمان را به کاری مشغول کنیم که از آن لذت می‌بریم؛ مانند گوش‌دادن به یک موسیقی دلخواه یا نقاشی یا هر کار دیگری که برایمان جالب است.

البته این در صورتی امکان‌پذیر است که متوجه شوید دارید با ذهن خودتان گفتگو می‌کنید. در حقیقت باید با تمرین، به خودآگاهی برسید.

چه زمانی عصبانی شویم؟

تا حالا هرچه گفتیم در مورد بدی‌های خشم بود. اما اینجا می‌خواهم بگویم گاهی اگر عصبانی شویم خیلی هم خوب است. حتماً تعجب کرده‌اید. الان با مثال‌هایی، دیدگاهم را واضح‌تر بیان می‌کنم.

تصور کنید دوست بد حسابی برای چندمین بار از شما درخواست پول کرده و شما با اینکه سابقه‌اش را می‌دانید، نمی‌توانید به او نه بگویید.

حق شما در محل کار ضایع شده و شما به دلیل کم‌رویی و خجالت قادر به اعتراض نیستید.

به گذشته خود نگاهی می‌کنید و می‌بینید بخش عمده‌ای از وقت خود را به بطالت گذرانده‌اید، در حالی‌که می‌توانسته‌اید کلی کارهای مفید انجام دهید.

من به شما می‌گویم که در این مواقع اتفاقاً خیلی هم خوب است که از دست خودتان عصبانی شوید. چون این خشم به شما کمک می‌کند تا اقدامی در جهت خودسازی و بهبود فردی انجام دهید. پس خشم همیشه هم بد نیست و اگر وجود نداشته باشد، خیلی از تغییرات در ما به‌وجود نمی‌آید. البته به شرطی که حتماً

اقدامی در جهت از بین بردن ضعف خود انجام دهید. چون در غیر این‌صورت، عزت‌نفس شما دچار آسیب می‌شود.

خشم، سوخت بی‌انتها

بسیاری از اوقات ما می‌توانیم از خشم خود به عنوان نیروی محرک برای پیشروی استفاده کنیم. بستگی به خشم ایجاد شده و تبحر شما دارد که چگونه آن را به کار بندید. زمانی که تحقیر می‌شویم، می‌توانیم از خشم خود به عنوان محرکی برای انگیزه‌بخشیدن و ارتقا دادن خود در همان زمینه استفاده کنیم.

از دوستی شنیدم دختری روستایی که تمام اعضای خانواده خود را در حادثه آتش‌سوزی از دست داده بود، با تمام وجود درس خواند تا بتواند شغل پر درآمدی بیابد و برای تمام خانه‌های روستا کپسول آتش‌نشانی تهیه کند.

افرادی را دیده‌ام که به دلیل ضعف جسمانی دوران کودکی و آزار و اذیت از طرف هم‌سالان در بزرگسالی، چنان به ورزش پرداخته‌اند که علی‌رغم داشتن ضعف و نقص موفق به کسب مدال ورزشی شده‌اند.

فرزندانی که بعد از اینکه با خواهر یا برادر خود در هر زمینه‌ای مقایسه شده‌اند آنقدر تلاش کرده‌اند تا توانسته‌اند از آنان بهتر شوند.

ما نیز می‌توانیم از همین طریق خشم‌های خود را به انرژی تبدیل کنیم. با این کار غیر از اینکه خشم خود را به روش نامناسبی ابراز نمی‌کنیم، بلکه به دستاورد بزرگی هم خواهیم رسید که برایمان بسیار لذت‌بخش خواهد بود. خود من از این روش استفاده کرده‌ام و اکنون نیز در همین مسیر قرار دارم.

فصل نهم: تکنیک‌هایی برای کاهش خشم

بعد از فوت مادرم، زمانی که اوضاع تا حدودی آرام‌تر شد، حسی که حتی بیشتر از دلتنگی و سوگواری مرا آزار می‌داد، خشم بود. احساس خشم به کادر پزشکی که درباره راه‌های درمانی و عوارض آنها توضیحی ندادند و انتخاب را به عهده خودمان نگذاشتند. چون خودم فارغ‌التحصیل رشته مامایی بودم مسیر درمان و دلیل اقدامات پرستاری که انجام می‌شد را کاملاً متوجه می‌شدم و از برخی بی‌دقتی‌ها که در برخی از افراد تیم درمانی و مراقبتی مشاهده می‌کردم بسیار خشمگین بودم.

و تمام این مسائل ۴ سال زندگی همراه با سختی را برای مادر من به همراه داشت. لزومی به طرح تمام مشکلات و کمبودها نمی‌بینم. فقط همین را بگویم به حدی خشمگین بودم که تمام زحمات کادر درمانی اندکی از آن کم نکرد.

تمام ساعات روز در این فکر بودم که چطور می‌توانم این آدمها را تغییر دهم؟ چه کاری می‌توانم انجا بدهم که برخی از پرسنل و کارورزان با دلسوزی و دقت بیشتری به بیماران ارائه خدمت کنند؟

هنگامی که افکارم را جمع کردم دیدم من چهار روش برای اقدام دارم.

راه اول: سراغ تک‌تک افرادی که فکر می‌کردم کوتاهی کرده‌اند بروم و دعوا و جار و جنجال راه بیاندازم. (عصبانی‌گری یا بروز نامناسب خشم) این روش منتفی بود چون من چنین شخصیتی نبودم.

راه دوم: شکایت از کسانی که فکر می‌کردم در انجام وظایفشان کوتاهی کرده‌اند.

در این روش خشم خود را به صورت مطلوب بروز داده بودم ولی چندین ماه باید در راهروهای دادگاه رفت‌وآمد می‌کردم تا بتوانم ادعای خود را ثابت کنم.

راه سوم: فکر کنم کاری از دست من بر نمی‌آید و این خشم را همیشه همراه خود داشته باشم.

مسلماً در این روش حس ناتوانی هم بر خشم افزوده می‌شد و آسیب روانی شدیدی را متحمل می‌شدم.

و اما من راه چهارم را انتخاب کردم. ابتدا قبول کردم که نمی‌توانم کسی را تغییر دهم. سپس از نیرویی که این خشم در من ایجاد می‌کرد، در جهت تغییر خودم استفاده کردم و شروع به یادگیری کردم و مهارت‌های فردی خودم را ارتقاء دادم. چون می‌دانستم اگر بتوانم به انسان تأثیرگذاری تبدیل شوم، اطرافیانم نیز تغییر می‌کنند.

وقتی بتوانم آموخته‌هایم را آموزش دهم، تعداد افرادی که می‌توانند با استفاده از این آموزش‌ها زندگی‌شان را تغییر دهند بسیار بیشتر از تعداد افرادی خواهد بود که من به عنوان کادر درمانی می‌شناختم و این یعنی یک اقدام بسیار بزرگ است. کاری که حتی وقتی به آن فکر هم می‌کردم لبخند به لبم می‌آورد. به این صورت هم به هدفم رسیده‌ام و هم از خشم خود به بهترین نحو استفاده کرده‌ام. طوری که هرگاه در طول این مسیر احساس خستگی می‌کنم، به یاد رنجی که مادرم متحمل شد می‌افتم و دوباره با انرژی مضاعفی شروع به حرکت می‌کنم.

سخن پایانی

من در این کتاب، سعی کردم روش‌هایی را برای شما بازگو کنم که در صورت استفاده و عمل کردن، تعداد دفعات و شدت عصبانی شدنتان، روزبه‌روز کمتر شود. وقتی عصبانی نشوید، احتیاجی هم به مدیریت خشم نخواهید داشت. از طرفی کمتر باعث عصبانیت اطرافیانتان می‌شوید.

باز هم می‌گویم، با یک بار خواندن کتاب، اتفاق خاصی نمی‌افتد. لطفاً وقت بگذارید. بعد از اینکه یک‌بار کتاب را تا انتها خواندید، دوباره شروع کنید. این بار بدون عجله، هر مبحث را بارها بخوانید و برایش از خودتان یا دیگران مثال بزنید و عکس‌العمل درست را برایش در نظر بگیرید. چون خودآگاهی، تکرار لازم دارد.

می‌توانید تأثیرات این کتاب در زندگی‌تان را، با ما به اشتراک بگذارید. این تجربیات، با نام خودتان در سایت منتشر خواهد شد.

امیدوارم زندگی تمامی شما عزیزان، مملو از آرامش باشد.

M.Shakibamehr

Shakibamehr.com

Shakibamehr.m@gmail.com

@shakibamehr_com

چند کتاب پیشنهاد سردبیر انتشارات برای شما

برای تهیه کتاب ها از آمازون یا وبسایت انتشارات می توانید بارکدهای زیر را اسکن کنید

kidsocadopublishinghouse.com   Amazon.com

Kidsocado Publishing House

خانه انتشارات کیدزوکادو

ونکوور، کانادا

تلفن : 8654 633 (833) 1+

واتس آپ : 7248 333 (236) 1+

ایمیل : info@kidsocadopublishinghouse.com

وبسایت https://kidsocadopublishinghouse.com